私をもっと強くする

マヤ暦

MASAYUKI

占星術

SHUFU

JN039690

CONTENTS

はじめに

あなたは、自分自身のことをどれだけ理解していますか?

よりよい人生、人間関係、恋愛、キャリアを手に入れるためには、
まずは自分を知ることからです。

私はこれまで1万人以上の人生を占い、多くのかたに
"自分らしく生きるための生き方"をアドバイスしてきました。
幸福な人生を生きている人の多くは、自分のことを正しく理解しています。
一方で幸せとは思えない人生を生きている人は、
自分のことをよく知らずに、なんとなく毎日を繰り返し過ごしています。

世界は新たな時代に突入しています。
それは多様性の時代です。

肌の色から始まり、価値観や信念、宗教、趣味・嗜好、
ファッション、働き方、生き方そのものが個人にゆだねられ、
個性を尊重し、"自分らしく生きることがかなう時代"になりました。

多様性の時代を"個性が輝く時代"と定義すると、
"あなたらしさ"が重視されるようになります。

自分はどんな人間で、どのような才能を持って生まれたのか?
どのような生き方をすれば自分らしく輝けるのか?
誰もが知りたいテーマでしょう。

かの有名な哲学者のソクラテスも言い伝えたように、
「自分は何者であるか」を知ることは、
何千年と時代が進んだ現代においても
生きるうえで最も重要なテーマなのです。

自らのアイデンティティのみならず、
仕事においては強みや弱み、周囲の人々と複雑に絡み合う人間関係。
生まれてきた意味や天命、人生の目的。
さらには乗り越えるべき課題やテーマ。
これらを知ることで、いまよりもっと強く生きやすくなります。

本書は"個性が輝く時代"に、
あなたがもっとあなたらしく
生きやすくなるための指南書として、
お読みいただけましたら幸いです。

MASAYUKI

[KIN6 白い世界の橋渡し/赤い竜]

Chapter 1

自分を知るとは
どういうことか？

「自分を知る」。それはアイデンティティの
確立につながります。何のため、どんな役
目を果たすために生まれてきたのか。それ
をより深く知ることで、いまよりもっと自分
らしく輝くことができるはずです。

使命と役割は人によって異なる。
全うすれば人生はもっと輝く

　人はみな、それぞれ役割を与えられて生まれてきます。善人も、悪人といわれる人さえも、神様から役割を与えられてこの世に生を享けるのです。ですがほとんどの人は、どのような役割を与えられて生まれてきたのかを知りません。これは、自分を知らずして生きているのと同じこと。一方で自らの役割を知って生きている人は、使命や天命を胸に人生を全うしています。

　言いかえれば、自分らしく輝いた人生を生きているのです。人生における役割は人により異なります。たとえば医師や看護師になって人の命を救う手助けをする人、エッセンシャルワーカーになって人々や社会に奉仕する人、カウンセラーやヒーラーになって癒やしを与える人、エンターテイナーになって周囲を笑顔にする人、経営者やビジネスパーソンになって経済の発展に尽力する人、発明家になって社会に変革を起こす人、アーティストになって芸術で魅了する人、歌手やミュージシャンなどの表現者になってメッセージを伝える人など、それぞれ使命と役割は異なるのです。

　さて、あなたはどのような役割を与えられて生まれてきたのでしょうか？人生に悩んでいる人や生きづらいなと感じている人は、まず自分自身について知ることが先決です。自分がどのような役割を授かって生まれてきたのか。それを知ることによって、あなたの人生はもっと生きやすくなるでしょう。

自分らしく生きることで起こる
運気上昇の兆候リスト

自分らしく、「KINの如く生きている」と、起こる現象が少しずつ変わり始めます。
そんな変化の兆候を以下に20項目あげました。
この中で、あなたは何個該当しますか？　ぜひチェックしてみてください。

☐ 物事がスムーズに動き始める

☐ タイミングがよくなる

☐ シンクロニシティがよく起こる

☐ 直感が優れる

☐ 感受性が高まる

☐ 肌ツヤがよくなる

☐ ソウルメイトたちに出会える

☐ 合わないなと思う人が離れていく

☐ 感謝の気持ちがわき上がる

☐ 自然と問題や悩みが解決に向かう

□ 停滞していたことが動き始める

□ 欲しいと思っていたものが向こうからやってくる

□ よく眠れるようになる

□ 生きがいを感じられるようになる

□ 未来にワクワクする

□ 周囲の評価を気にしなくなる

□ 人と比べなくなる

□ 劣等感を感じなくなる

□ マウントをとられても気にならなくなる

□ 深呼吸がしやすくなる

いかがでしたか？　あなたは何個該当していたでしょうか。自分らしく、「KINの如く生きている」と、起こる現象が変わり始めます。特にわかりやすいのは、シンクロニシティがよく起こる、タイミングがよくなる、周囲の評価を気にしなくなる、肌ツヤがよくなるといったところでしょうか。出会う人が変わったり、笑顔でいられることが増えたり、感謝することが増えたりと、明らかにいままでとは違う感覚をいだくようにもなるでしょう。

Chapter 2

「MASAYUKI式 マヤ暦占星術」とは いったい何か

「マヤ暦占星術」という占星術を初めて聞く人も多いかもしれません。この占星術はどのようなものなのか、詳しい説明に入る前に知っておくとより理解が深まる「概念」についてお話しします。

占いを超越した
魂の本質を知るツール

「占星術」と聞いて、どんなイメージを持たれるでしょうか?

　みなさんが真っ先に思い浮かべる「占星術」とは、牡羊座、牡牛座……などと12の星座で占う「西洋占星術」ではないかと思います。雑誌の巻末についていたり、朝の番組の最後のコーナーで取り上げられたり、私たちの生活の中で最も身近な「占星術」です。「リーダータイプでみんなの人気者」などと性格診断をしたり、「1月に新しい恋が始まるかも」などと未来の予言があったり。それを見てあなたは「これは当たっている、これはちょっとハズレているかも」と感じたりするでしょう。

　しかしながらそういったイメージでこの「マヤ暦占星術」をとらえると、ひょっとしたら「普通の占いとは、何か違う」と思われるかもしれません。というのも「マヤ暦占星術」はいわゆる一般的な「占い」とは違い、当たった、ハズレたということよりも、もっと奥深い、魂の本質を知ることができるものだからです。

「マヤ暦占星術」とは何かをもしも一言でいうならば、「宇宙法則により、あなたに与えられた宿命や魂の本質を知る手段」。

　自分の宿命を知ることは、自分という存在を理解し、自分自身の幸せのポテンシャルを最大限に高めることにつながります。

「マヤ暦占星術」は運勢を占うという側面もありますが、それ以上に「自分が何のために生まれてきたのかを知る」ためのツールなのです。

「マヤ暦占星術」は
宇宙法則を体系化した占星術

「マヤ暦占星術」が一般的な占いよりも、もっと奥深いものであることをおわかりいただけたでしょうか。

　ここからはさらに「マヤ暦占星術」の真髄に近づくべく、少しお話をしたいと思います。

　マヤ暦占星術は、いわば、宇宙法則を体系化した占星術です。みなさんは「宇宙法則」という言葉を聞いたことがあるでしょうか。

　スピリチュアルに多少なりとも興味を持つ人であればおなじみの言葉ではありますが、聞いたことがない人もいらっしゃると思うので簡単にご説明しましょう。

　私たちは地球という惑星に住んでおり、さらにいえば大きな宇宙の一員です。そこでは一瞬一瞬の時間のエネルギーが流れており、未来に向かって永遠に繰り返されています。一瞬一瞬のエネルギーの積み重ねが時間であり、私たちは、時間の中で生命を育んでいます。その時間の流れをつくっているのは、われわれ人間ではなく、紛れもなく宇宙そのものです。

　この世界にはわれわれ人間の力が及ばない〈大きな流れ、力〉が働いています。それこそが"愛の力"であり、宇宙法則です。宇宙の理に逆らわずに生きることで、宇宙法則とシンクロし、魂が本来果たすべき役割へと導かれていきます。

「宇宙法則」の本質を理解する者だけが、豊かさを手にし、使命を全うすることができるのです。

「引き寄せの法則」や「言霊信仰」も
「宇宙法則」に従った結果

　この世界をつかさどる「宇宙法則」に従って生きるにはどうしたらいいのでしょうか。その答えを求め、古くから人類はその具体的な方法論を模索してきました。そうして導き出したのが「引き寄せの法則」や「言霊信仰」です。これらはスピリチュアル的な世界でのみ語られることが多かったのですが、昨今では一般的な考え方として広まっていますよね。みなさんも「願えばかなう」「いつも楽しいことを考えていると自然といいことが起こる」「言葉にしたことは現実になる」といった経験があるのではないでしょうか。

　これは奇跡が起こったのではなく、宇宙法則で見れば至極当然の結果といえます。また宇宙法則は上記であげたもの以外にも多数存在し、なかには誰もがまだ気づいていないものもあると考えられています。いかに宇宙法則にもとづき、そしてそれを実践しているかどうかで、幸せをつかめるかどうかが決まってくるのです。

　そう、「マヤ暦占星術」もそんな「宇宙法則」の一つ。

　マヤ暦占星術をひもとくことで、自分自身の使命を知ることができるのです。

「あなたは本来、このような役割を果たすためにこの世界に生まれてきた」という真髄がわかるのです。そして、あなたが果たすべき役割に従って生きることは、「引き寄せの法則」や「言霊信仰」と同じく、人生を切り開く具体的な方法論なのです。

私、MASAYUKIも
「マヤ暦占星術」によって開運した一人

　ここで少しだけ私自身のお話をさせてください。といいますのも、私がマ
ヤ暦と出合う前と出合ったあとの物語を話すことで「マヤ暦占星術＝宇宙法
則」であるということを端的にお伝えできるからです。

　いまでこそ私はこうしてみなさんのもとに幸せをお届けするお手伝いをさ
せていただいていますが、以前の私はいまの私からは想像もつかないほどネ
ガティブ思考で、コンプレックスのかたまりでした。

　中学時代には事業をしていた父親の会社が傾きはじめ、命をおびやかさ
れるほどの病に襲われ、さらには数年後、最愛の父との悲しい別れがありま
した。豊かでほがらかな幼少期から何もかも一変し、不幸のどん底ともいえ
る人生に悲観して、投げやりな日々を送っていたのです。

　そんなおり、人生が大きく変わるほどの運命の出会いを果たします。宇宙
法則には、失うとそれと同様、もしくはそれ以上の対価を手にするという、等
価交換法則が働きますが、自らがその体験をしたのです。

　のちに私の魂の師というべき、スピリチュアルメッセンジャーとの出会いを
果たし、宇宙法則、愛の概念、この世の真理など、さまざまなことを学びま
す。そのプロセスをへて、マヤ暦と出合うことになります。

マヤ暦を知ったとき、自分の中の何かが目覚めました。マヤ暦では、それぞれに自分のソウルナンバー「KIN」というものが割り振られます。私のKINナンバーは「6」でした。これの意味することを学ぶうち、自分の生い立ちや苦しかった半生も、実は宇宙法則による定めであったことがわかったのです。そこでわかった私の運命は「スピリチュアルな能力を持ち、死という体験を通して人生観が変わる」ということ、さらには「愛情の星に生まれ、命と向き合う体験を通して愛に目覚め、その愛を人類のために捧げる」ということでした。

　その瞬間、気づいたのです！

　いままでただ苦しいだけの人生だと思っていたことに実は意味があったこと、そして自分自身がこれからどう生きればよいのかということ。
　まるで、人生に光が差し込んできたのを感じました。
　そして宇宙法則に従って生きよう＝「KINの如く生きよう」と強く決意したのでした。

「マヤ暦占星術」のルーツとは
どのようなものなのか

　そもそもマヤ暦の発祥は、南米メキシコ・グアテマラ地域周辺で5000年以上も前に繁栄したマヤ文明です。古代マヤ人たちは科学、数学、とりわけ天文学に優れていたといわれ、古くから高度なテクノロジーを有していたとされています。当然時計も発明されておらず、天体望遠鏡すらなかった時代に、彼らは星の動きや流れを丹念に学び、くみとることで、〈時間〉という概念を発見していました。現在のNASAの最先端のテクノロジーでは、1年間を「365.2422日」と定めていますが、古代マヤ人は当時すでに1年を「365.2420日」で計算しており、驚異的な正確さ、驚くべき叡智をすでに有していたのです。

　また彼らは時間の概念から発展し、月の公転周期や太陽の自転など、宇宙を読み解くことで、すでに17種類ほどの暦をも生み出していたのです。当時のマヤ人が使っていた暦の中でも「ツォルキン暦」（21ページで解説）は古代マヤの神官が使っていた神聖な暦といわれており、この暦が「MASAYUKI式 マヤ暦占星術」のベースにあるものです。

　それゆえそこから発展させて生み出した「MASAYUKI式 マヤ暦占星術」は、宇宙法則を読み解くうえで欠かせないものであるということです。

「MASAYUKI式 マヤ暦占星術」は
魂が輝く生き方にフォーカス

　前述したように、私は師より宇宙法則や世の真理について学び、のちに陰陽師に師事し、東洋哲理、陰陽五行など、さまざまなスピリチュアルの基本概念を学んできました。

　人生のどん底時代になんとか現状を打破しようと心理学や自己啓発を学び、また、経営者であった父親の思いを果たすために、現実をより豊かに生きるための帝王学を身につけ、「生きるうえでの実践的な学び」も数多く習得してまいりました。そして私は、自分の役割に目覚めるのです。

　私のKINが持つ役割は「スピリチュアルな能力と慈愛により多くの人を幸せにすること」。ならばその思いをより深い形で実現するために、私自身が学んできたものとマヤ暦を通して、人や社会のお役に立とうと決意したのです。

　そうして誕生したのが、古代マヤ人の叡智と私自身の学びや経験、宿命を結びつけて生まれたオリジナルメソッド「MASAYUKI式 マヤ暦占星術」です。

　単なる占いの概念を超えて、宿命を指し示すだけでなく、「何のために生まれてきたのか?」「役割とは何なのか?」「自分の才能とは何か?」「どこに向かっていけばよいのか?」「何をすれば幸せになれるのか?」「現代の枠組みでとらえたときにどう考えればいいのか?」、そして何よりも重視したのが「KINの如く輝くにはどうすればいいのか?」ということ。

　私はこの「MASAYUKI式 マヤ暦占星術」を通して、多くの人を幸せな人生へと導けるものと信じています。

Chapter 3

「マヤ暦占星術」を
理解するために
必要なWord集

「マヤ暦占星術」の鑑定に入る前に、知っ
ておくべきいくつかの重要なWordがあ
ります。初めて聞く言葉ばかりかもしれ
ません。まずは一つずつゆっくりとお話
ししていきたいと思います。

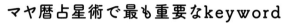

マヤ暦占星術で最も重要なkeyword
「KIN（キン）」
とは何か

　本書ではすでに何度か「KINの如く生きる」というフレーズを使ってきました。このフレーズは、マヤ暦占星術を理解し、そして運命を変えるために最も重要なWordであると私は考えています。

　マヤ暦占星術では、一人ひとり「KIN」という生まれ持った星、いうなれば宿命を持っています。またその星は変えることのできない運命でもあるので、「ソウルナンバー」とも表現され、1から260までの数字が一人ひとりに割り振られているのです。

　何番のKINを持っているかにより、その人がこの世に生まれてきた理由や使命がわかります。KINを知ることは、宿命を知ることでもあります。さらには才能や思考回路、恋愛観や健康面なども知ることができるのです。

　では、いったい「KIN」とはどのように決まるのでしょうか。

　それは自分自身の生年月日に由来します。つまりは誕生した日で、宿命が決まっているともいえます。さらにいえば無意識のうちに、自らの宿命を決め、誕生する日を自ら選んで生まれてきているのです。

　いわばKINとは「宇宙における自分の誕生日」。それを知ることからマヤ暦占星術はスタートします。

　具体的なKINの割り出し方は30ページにあります。自分のKINを大事にし、そしてこの数字から多くを得ることができる。まずはそれを頭に入れておきましょう。

「KINの如く生きる」
とはどのようなことなのか

　KINの概念が見えたところで、こんなふうに疑問を持つ人もいるのではないでしょうか。それは「同じKINを持つ人は同じ人生を歩んでいくのだろうか」ということ。その答えは「YES」でもあり「NO」でもあります。

　というのも、確かに1から260まで割り振られたKINが同じということは、それだけで大きな奇跡。同じ宿命やテーマを持った相手であることにまちがいありません。

　しかしながら私が1万人以上のかたを鑑定してわかったことは、同じKINを持つ人でもその人生には大きな違いがあり、成功している人もいれば苦境に立たされている人もいるということ。同じKINを持っているにもかかわらず、そのような違いはどうして生まれてしまうのでしょうか。それは「KINをうまく使いこなしているか否か」、さらにいえば「KINの如く生きているか否か」なのです。

　KINを使いこなしていない人の多くは、自分の宿命や能力に気づかず、本来の魂のテーマとは異なった生き方を選んでしまっているのです。さらには愛と感謝を忘れ、「宇宙法則」に背いた生き方をしていることがわかりました。

　こうして私は「KINの如く生きる」ための方程式を導いたのです。それは〈KINにより与えられた宿命に沿う生き方、そして愛と感謝を忘れない心構え（あり方）、選択・環境〉。つまり、生き方×心構え（あり方）×選択・環境が、運命をつくるということです。

　「MASAYUKI式 マヤ暦占星術」の真髄は、どうすれば「KINの如く生きる」ことができるのか、「ありのままの自分を生きる」ための術をわかりやすく指南することにあるのです。

宇宙のサイクル
「ツォルキン暦」で生きよう

　私たちは現在、「グレゴリオ暦」と呼ばれる文明社会に適した太陽暦の中で暮らしています。世界のほとんどの国がこのグレゴリオ暦を採用しており、日本では1873年から使われ始めました。ご存じのようにうるう年を除き、1年を12カ月、計365日で計算しています。また1日を24時間、1時間は60分、1分が60秒といったように、「12」と「60」という周期のリズムで生活しているのです。それに対して「マヤ暦占星術」の世界では、16ページで紹介したように「ツォルキン暦」という宇宙のサイクルにもとづいています。

　「ツォルキン暦」では「13日×20サイクル＝260日周期」でとらえており、「13」と「20」という周期のリズムが重視されています。

　一般的に13というと不吉な数字だと思われていますが、古代マヤ人は神聖な数字としてあがめています。というのも、天上界には13の層があると考えられているためです。たとえば、地球のチャクラといわれているパワースポットは世界に13カ所あるとされ、また女性の月経が1年で13回起こるなど、13は宇宙と結びつく定数であり崇高な数字なのです。

　20という数字もそうです。手足の指の合計数、タンパク質を構成する主なアミノ酸は20種類、DNAのらせん1回転あたりの塩基数は10対（＝20）であるなど、20は人体との関連の深い神秘的かつ宇宙的な数字なのです。

　このような宇宙のサイクルにもとづいた「ツォルキン暦」に沿って生きることで、より宇宙法則に近づけると考えられているのです。

開運のために重要な

「シンクロニシティ」とは？

　ここでは「MASAYUKI式 マヤ暦占星術」において重要な概念「シンクロニシティ」についてお話ししましょう。

　前述のとおり、現代社会では「グレゴリオ暦」に沿った生活を営んでいます。

　しかしながら「マヤ暦占星術」においては260日周期の「ツォルキン暦」が使われており、これは宇宙の法則とたいへん関連の強い暦なのです。

　この「ツォルキン暦」を意識して生きることで宇宙の法則とつながりやすくなり、ひいては「シンクロニシティ」、別名「引き寄せ」が起こりやすくなるのです。

　さてこの「シンクロニシティ」ですが、みなさんはこんな経験はありませんか？

　ある友人のことを頭で思い浮かべていたら、偶然にもその友人からメールが届いた、なんてことが。

　このような偶然の一致を20世紀の心理学者カール・ユングは「シンクロニシティ」と名づけました。

　この「シンクロニシティ」、実は単なる偶然ではありません。「意味のある偶然の一致」であり、宇宙からのメッセージなのです。

　宇宙はわれわれに日々たくさんのメッセージを送っています。偶然見た数字がゾロ目であったり、一度も赤信号に引っかかることなく進めたり、そういったことです。

　このメッセージに気づけるようになれば、さらに「シンクロニシティ」は増え、しだいに自分自身の思い描いているイメージが現実化しやすくなるのです。

　「マヤ暦占星術」を使いこなし、シンクロニシティを増やしていくことから始めてみましょう。

「20の紋章」で
本当の自分を知ろう

　さて、「マヤ暦占星術」の鑑定を始める前に「20の紋章」の説明をしなければなりません。

　古代マヤ人たちにとって「20」という数字が特別な意味を持つということをお話ししましたが、その理由の一つとして「宇宙には20の神様が存在している」と彼らが考えていたことが大きく影響しています。

　その神様の概念をわかりやすく落とし込んだのが「20の紋章」です。

　20の紋章とは「赤い竜」「白い風」「青い夜」「黄色い種」など、四つの色とキーワードが組み合わさった名称で呼ばれているものです。西洋占星術でいうところの「牡羊座」「牡牛座」といった概念に近いでしょうか。

　誰もがこの紋章を二つ（同じ紋章を二つ持つ場合は一つ）持ってこの世に生まれているのです。

　なぜ二つなのか。

　人間には「顕在意識」と「潜在意識」とがありますが、マヤ暦占星術ではそれぞれの意識に別の紋章（キャラクター）を与えているのです（24ページ参照）。

　鑑定の際には30ページからの診断により、自分がどの紋章を持っているのかを調べましょう。

　これらの紋章にはそれぞれ宿命がひもづけられており、またそこから才能や性質、恋愛観などあなた自身がわかるようなキャラクターとして存在しているのです。

顕在意識（＝太陽の紋章）と
潜在意識（＝ウェイブ・スペル）とは？

　人間の意識には「顕在意識」と「潜在意識」とがあることは有名ですね。

　顕在意識とは「有意識」、言語や思考をつかさどる左脳とつながっており、そこでものを考えたり行動に移したりといった現実的な役割を担います。

　一方、潜在意識とは「無意識」、空間、直感、感性と深くかかわりのある右脳とつながっており、視覚、聴覚、嗅覚、味覚、触覚といった五感、さらには第六感や宇宙ともつながっており、表層化していない意識のことです。

　一見すると表層化している顕在意識が脳の大部分を占めると思いがちですが、実は脳全体の3〜10％程度といわれ、逆に無意識ともいえる潜在意識は、脳の大部分ともいえる90〜97％も占めているのです。

　マヤ暦占星術ではそれを「太陽の紋章（顕在意識）」「ウェイブ・スペル（潜在意識）」と呼んでおり、鑑定の際には「表」「裏」と区別しています。またそれぞれの意識に紋章ともいうべきキャラクターが割り振られているのです。

　私たちはこの二つの意識をバランスよく活用することで自分の能力を最大限生かすことができると考えられています。そのために重要なのが、ふだん意識していない潜在意識をいかに使っていくのか、ということ。

　通常の占いでは顕在意識にスポットが当たることが多いのですが、マヤ暦占星術では宇宙とのつながりを持つ潜在意識にもしっかりアプローチしていくのが特徴です。

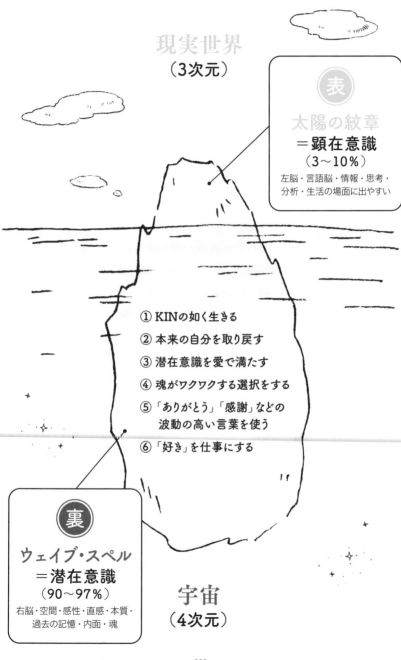

現実世界
（3次元）

表
太陽の紋章
＝顕在意識
（3〜10％）
左脳・言語脳・情報・思考・
分析・生活の場面に出やすい

① KINの如く生きる

② 本来の自分を取り戻す

③ 潜在意識を愛で満たす

④ 魂がワクワクする選択をする

⑤ 「ありがとう」「感謝」などの
　波動の高い言葉を使う

⑥ 「好き」を仕事にする

裏
ウェイブ・スペル
＝潜在意識
（90〜97％）
右脳・空間・感性・直感・本質・
過去の記憶・内面・魂

宇宙
（4次元）

「ウェイブ・スペル」（潜在意識）
を活用するためには

　成功者と呼ばれている人は、潜在意識を上手に活用している人が非常に多いといわれています。しかし日ごろは表層化していない潜在意識を意識し、活用しろと言われても、その方法はわからずなかなか難しいのではないでしょうか。

　実は、潜在意識を活用するにはコツがあり、それは訓練や心がけしだいでいくらでも習得することが可能なのです。

　まずは自分自身の「ウェイブ・スペル（潜在意識）」の紋章を調べ、それが本来の自分のあるべき姿であると認識してください。

　次に「ウェイブ・スペル（潜在意識）」の紋章の使命や才能を生かす行動を念頭におき、仕事や対人関係に変化を与えてください。「好き」と直感的に感じたことを仕事にするのも重要です。

　そのときに気をつけたいことは、それまでの自分を否定したり悲観したりしないこと。変化を恐れず、自分自身をあるがままに受け入れ、欠点も含めて愛してあげましょう。

　また「ウェイブ・スペル（潜在意識）」はインスピレーションをとても大事にします。魂がワクワクする、理由もないけど何か楽しそう、そんなふうに直感で感じたことはためらわずにチャレンジしてみましょう。

　そして最後に最も大事なこと。それはすべての行動や思考を「愛と感謝」で満たしてあげるということ。言葉で「ありがとう」と言うこともその一つです。

　これにより常にあなたの「ウェイブ・スペル（潜在意識）」は宇宙とつながり、最大限活用することができるようになるのです。

Chapter 4

「マヤ暦占星術」の鑑定ナビゲート

いよいよ「MASAYUKI式 マヤ暦占星術」の鑑定が始まります。普通の占いの域を超越したこの占星術の本質を読み解くため、流れに沿って秘訣をナビゲートしていきたいと思います。

「MASAYUKI式 マヤ暦占星術」
鑑定HOW TO

30ページからの解説を読んで自分の「KIN」を導き、
それをもとに自分の紋章「太陽の紋章（顕在意識）＝表」
「ウェイブ・スペル（潜在意識）＝裏」をそれぞれ出す

まずは自分のソウルナンバーであるKINの数字は何か、これが重要です。260通りある
KINのうち、自分のナンバーを常に意識して過ごすようにしましょう。シンクロニシティが
活発になれば、生活の中で自然とKINの数字が目に飛び込んでくるようになってきます。
またそのKINがわかることで、自分自身が宿命として与えられている二つの紋章がわか
るのです。表と裏、それぞれの紋章はどちらも大切な自分であると自覚しましょう。

2

まずは「太陽の紋章（顕在意識）＝表」の
紋章をチェック

「太陽の紋章（顕在意識）＝表」の紋章のキャラクターを知るところからスタート。自分
に該当する紋章の解説文を読み、「すでに自覚していること」「知らなかったこと」をそ
れぞれ考えながら読み解きましょう。表の紋章についてはすでに自覚していることが多
いのではないでしょうか。

次に「ウェイブ・スペル（潜在意識）＝裏」の紋章をチェック

表と同じように「ウェイブ・スペル（潜在意識）＝裏」の紋章のキャラクターも確認しましょう。こちらは潜在意識なので、「意識していない知らない自分」である可能性が高いです。いまの自分と比較して、どう違うのか、なぜ違うのかを考えるようにしましょう。

表と裏、それぞれの紋章を総合的に分析する

表・裏、二つの紋章（人によっては表・裏の紋章が一致している場合もある）はどちらも自分です。その両方を自分の生き方に取り入れることこそ、宇宙法則に従って生きることになります。文章のニュアンスを読み取り、できる限り多くのことを感じるようにしましょう。

気になる人の紋章を導き出す

「マヤ暦占星術」は自分だけでなく、KIN、紋章を調べることで他人の「宿命」や「本質」も理解することができるようになります。その場合も自分を鑑定したときと同じように「表」「裏」両方の紋章をチェックするようにしましょう。相性をチェックしたい場合は34ページの表で確認できます。

鑑定のコツ

一般的な占いのように「これは当たっている・ハズレている」という観点では鑑定せず、「本当の自分の姿」を知るために鑑定するようにしましょう。現在の自分と照らし合わせて紋章のキャラクターとの距離を感じた場合、本来の自分である紋章のキャラクターに近づけるよう、今後の人生を軌道修正するようにすると、人生がうまく回るようになっていきます。

自分の紋章を調べてみよう

Step 1

早見表 A より生まれ年（西暦）と

生まれ月の交わる数字を出します。

Step 2

出た数字に生まれた日を足すとKINが出ます。

Step 3

早見表 B よりKINに該当する太陽の紋章 表 を出します。

Step 4

早見表 C でKINに該当する紋章が

ウェイブ・スペル 裏 になります。

※出てきた数字が260を超えた場合は、260を引いてください。
※うるう年の3/1〜31生まれのかたは、算出した数字に1を足してください。

例）

1968年3月1日（うるう年）に生まれた人の場合は、
まず早見表Aより231。
231＋1日で232。
232＋1（うるう年分）＝KIN233になります。

QRコードを
読み込んでスマホからも
調べられます。

＊…うるう年

年			1月	2月	3月	4月	5月	6月	7月	8月	9月	10月	11月	12月
1910 /	1962 /	2014	62	93	121	152	182	213	243	14	45	75	106	136
1911 /	1963 /	2015	167	198	226	257	27	58	88	119	150	180	211	241
＊1912 /	＊1964 /	＊2016	12	43	71	102	132	163	193	224	255	25	56	86
1913 /	1965 /	2017	117	148	176	207	237	8	38	69	100	130	161	191
1914 /	1966 /	2018	222	253	21	52	82	113	143	174	205	235	6	36
1915 /	1967 /	2019	67	98	126	157	187	218	248	19	50	80	111	141
＊1916 /	＊1968 /	＊2020	172	203	231	2	32	63	93	124	155	185	216	246
1917 /	1969 /	2021	17	48	76	107	137	168	198	229	0	30	61	91
1918 /	1970 /	2022	122	153	181	212	242	13	43	74	105	135	166	196
1919 /	1971 /	2023	227	258	26	57	87	118	148	179	210	240	11	41
＊1920 /	＊1972 /	＊2024	72	103	131	162	192	223	253	24	55	85	116	146
1921 /	1973 /	2025	177	208	236	7	37	68	98	129	160	190	221	251
1922 /	1974 /	2026	22	53	81	112	142	173	203	234	5	35	66	96
1923 /	1975 /	2027	127	158	186	217	247	18	48	79	110	140	171	201
＊1924 /	＊1976 /	＊2028	232	3	31	62	92	123	153	184	215	245	16	46
1925 /	1977 /	2029	77	108	136	167	197	228	258	29	60	90	121	151
1926 /	1978 /	2030	182	213	241	12	42	73	103	134	165	195	226	256
1927 /	1979 /	2031	27	58	86	117	147	178	208	239	10	40	71	101
＊1928 /	＊1980 /	＊2032	132	163	191	222	252	23	53	84	115	145	176	206
1929 /	1981 /	2033	237	8	36	67	97	128	158	189	220	250	21	51
1930 /	1982 /	2034	82	113	141	172	202	233	3	34	65	95	126	156
1931 /	1983 /	2035	187	218	246	17	47	78	108	139	170	200	231	1
＊1932 /	＊1984 /	＊2036	32	63	91	122	152	183	213	244	15	45	76	106
1933 /	1985 /	2037	137	168	196	227	257	28	58	89	120	150	181	211
1934 /	1986 /	2038	242	13	41	72	102	133	163	194	225	255	26	56
1935 /	1987 /	2039	87	118	146	177	207	238	8	39	70	100	131	161
＊1936 /	＊1988 /	＊2040	192	223	251	22	52	83	113	144	175	205	236	6
1937 /	1989 /	2041	37	68	96	127	157	188	218	249	20	50	81	111
1938 /	1990 /	2042	142	173	201	232	2	33	63	94	125	155	186	216
1939 /	1991 /	2043	247	18	46	77	107	138	168	199	230	0	31	61
＊1940 /	＊1992 /	＊2044	92	123	151	182	212	243	13	44	75	105	136	166
1941 /	1993 /	2045	197	228	256	27	57	88	118	149	180	210	241	11
1942 /	1994 /	2046	42	73	101	132	162	193	223	254	25	55	86	116
1943 /	1995 /	2047	147	178	206	237	7	38	68	99	130	160	191	221
＊1944 /	＊1996 /	＊2048	252	23	51	82	112	143	173	204	235	5	36	66
1945 /	1997 /	2049	97	128	156	187	217	248	18	49	80	110	141	171
1946 /	1998 /	2050	202	233	1	32	62	93	123	154	185	215	246	16
1947 /	1999 /	2051	47	78	106	137	167	198	228	259	30	60	91	121
＊1948 /	＊2000 /	＊2052	152	183	211	242	12	43	73	104	135	165	196	226
1949 /	2001 /	2053	257	28	56	87	117	148	178	209	240	10	41	71
1950 /	2002 /	2054	102	133	161	192	222	253	23	54	85	115	146	176
1951 /	2003 /	2055	207	238	6	37	67	98	128	159	190	220	251	21
＊1952 /	＊2004 /	＊2056	52	83	111	142	172	203	233	4	35	65	96	126
1953 /	2005 /	2057	157	188	216	247	17	48	78	109	140	170	201	231
1954 /	2006 /	2058	2	33	61	92	122	153	183	214	245	15	46	76
1955 /	2007 /	2059	107	138	166	197	227	258	28	59	90	120	151	181
＊1956 /	＊2008 /	＊2060	212	243	11	42	72	103	133	164	195	225	256	26
1957 /	2009 /	2061	57	88	116	147	177	208	238	9	40	70	101	131
1958 /	2010 /	2062	162	193	221	252	22	53	83	114	145	175	206	236
1959 /	2011 /	2063	7	38	66	97	127	158	188	219	250	20	51	81
＊1960 /	＊2012 /	＊2064	112	143	171	202	232	3	33	64	95	125	156	186
1961 /	2013 /	2065	217	248	16	47	77	108	138	169	200	230	1	31

早見表 B

KIN	KIN 名称	KIN	KIN 名称	KIN	KIN 名称
	太陽の紋章		太陽の紋章		太陽の紋章
1	赤い竜	51	青い猿	101	赤い竜
2	白い風	52	黄色い人	102	白い風
3	青い夜	53	赤い空歩く人	103	青い夜
4	黄色い種	54	白い魔法使い	104	黄色い種
5	赤い蛇	55	青いワシ	105	赤い蛇
6	白い世界の橋渡し	56	黄色い戦士	106	白い世界の橋渡し
7	青い手	57	赤い地球	107	青い手
8	黄色い星	58	白い鏡	108	黄色い星
9	赤い月	59	青い嵐	109	赤い月
10	白い犬	60	黄色い太陽	110	白い犬
11	青い猿	61	赤い竜	111	青い猿
12	黄色い人	62	白い風	112	黄色い人
13	赤い空歩く人	63	青い夜	113	赤い空歩く人
14	白い魔法使い	64	黄色い種	114	白い魔法使い
15	青いワシ	65	赤い蛇	115	青いワシ
16	黄色い戦士	66	白い世界の橋渡し	116	黄色い戦士
17	赤い地球	67	青い手	117	赤い地球
18	白い鏡	68	黄色い星	118	白い鏡
19	青い嵐	69	赤い月	119	青い嵐
20	黄色い太陽	70	白い犬	120	黄色い太陽
21	赤い竜	71	青い猿	121	赤い竜
22	白い風	72	黄色い人	122	白い風
23	青い夜	73	赤い空歩く人	123	青い夜
24	黄色い種	74	白い魔法使い	124	黄色い種
25	赤い蛇	75	青いワシ	125	赤い蛇
26	白い世界の橋渡し	76	黄色い戦士	126	白い世界の橋渡し
27	青い手	77	赤い地球	127	青い手
28	黄色い星	78	白い鏡	128	黄色い星
29	赤い月	79	青い嵐	129	赤い月
30	白い犬	80	黄色い太陽	130	白い犬
31	青い猿	81	赤い竜	131	青い猿
32	黄色い人	82	白い風	132	黄色い人
33	赤い空歩く人	83	青い夜	133	赤い空歩く人
34	白い魔法使い	84	黄色い種	134	白い魔法使い
35	青いワシ	85	赤い蛇	135	青いワシ
36	黄色い戦士	86	白い世界の橋渡し	136	黄色い戦士
37	赤い地球	87	青い手	137	赤い地球
38	白い鏡	88	黄色い星	138	白い鏡
39	青い嵐	89	赤い月	139	青い嵐
40	黄色い太陽	90	白い犬	140	黄色い太陽
41	赤い竜	91	青い猿	141	赤い竜
42	白い風	92	黄色い人	142	白い風
43	青い夜	93	赤い空歩く人	143	青い夜
44	黄色い種	94	白い魔法使い	144	黄色い種
45	赤い蛇	95	青いワシ	145	赤い蛇
46	白い世界の橋渡し	96	黄色い戦士	146	白い世界の橋渡し
47	青い手	97	赤い地球	147	青い手
48	黄色い星	98	白い鏡	148	黄色い星
49	赤い月	99	青い嵐	149	赤い月
50	白い犬	100	黄色い太陽	150	白い犬

太陽の紋章	
KIN	KIN 名称
151	青い猿
152	黄色い人
153	赤い空歩く人
154	白い魔法使い
155	青いワシ
156	黄色い戦士
157	赤い地球
158	白い鏡
159	青い嵐
160	黄色い太陽
161	赤い竜
162	白い風
163	青い夜
164	黄色い種
165	赤い蛇
166	白い世界の橋渡し
167	青い手
168	黄色い星
169	赤い月
170	白い犬
171	青い猿
172	黄色い人
173	赤い空歩く人
174	白い魔法使い
175	青いワシ
176	黄色い戦士
177	赤い地球
178	白い鏡
179	青い嵐
180	黄色い太陽
181	赤い竜
182	白い風
183	青い夜
184	黄色い種
185	赤い蛇
186	白い世界の橋渡し
187	青い手
188	黄色い星
189	赤い月
190	白い犬
191	青い猿
192	黄色い人
193	赤い空歩く人
194	白い魔法使い
195	青いワシ
196	黄色い戦士
197	赤い地球
198	白い鏡
199	青い嵐
200	黄色い太陽

太陽の紋章	
KIN	KIN 名称
201	赤い竜
202	白い風
203	青い夜
204	黄色い種
205	赤い蛇
206	白い世界の橋渡し
207	青い手
208	黄色い星
209	赤い月
210	白い犬
211	青い猿
212	黄色い人
213	赤い空歩く人
214	白い魔法使い
215	青いワシ
216	黄色い戦士
217	赤い地球
218	白い鏡
219	青い嵐
220	黄色い太陽
221	赤い竜
222	白い風
223	青い夜
224	黄色い種
225	赤い蛇
226	白い世界の橋渡し
227	青い手
228	黄色い星
229	赤い月
230	白い犬
231	青い猿
232	黄色い人
233	赤い空歩く人
234	白い魔法使い
235	青いワシ
236	黄色い戦士
237	赤い地球
238	白い鏡
239	青い嵐
240	黄色い太陽
241	赤い竜
242	白い風
243	青い夜
244	黄色い種
245	赤い蛇
246	白い世界の橋渡し
247	青い手
248	黄色い星
249	赤い月
250	白い犬

太陽の紋章	
KIN	KIN 名称
251	青い猿
252	黄色い人
253	赤い空歩く人
254	白い魔法使い
255	青いワシ
256	黄色い戦士
257	赤い地球
258	白い鏡
259	青い嵐
260	黄色い太陽

早見表 C

ウェイブ・スペル	
KIN	KIN 名称
1 ～ 13	赤い竜
14 ～ 26	白い魔法使い
27 ～ 39	青い手
40 ～ 52	黄色い太陽
53 ～ 65	赤い空歩く人
66 ～ 78	白い世界の橋渡し
79 ～ 91	青い嵐
92 ～ 104	黄色い人
105 ～ 117	赤い蛇
118 ～ 130	白い鏡
131 ～ 143	青い猿
144 ～ 156	黄色い種
157 ～ 169	赤い地球
170 ～ 182	白い犬
183 ～ 195	青い夜
196 ～ 208	黄色い戦士
209 ～ 221	赤い月
222 ～ 234	白い風
235 ～ 247	青いワシ
248 ～ 260	黄色い星

紋章別 相性チェックシート

〈表の見方〉

①「類似KIN」は似た者同士の相手。気が合う友人に多く見られます。②「神秘KIN」は強くひかれ合うソウルメイト的な相手。師と生徒といった関係や恋愛では運命の人。③「反対KIN」は自分と価値観が真逆の相手。だからといって単純にぶつかるというわけではなく、つきあい方によっては自分を大きく成長させてくれる人。ちなみに自分と同じ紋章を持つ相手は、価値観が似ており、意気投合しやすく人生を共有できます。

あなたの紋章	①「類似 KIN」	②「神秘 KIN」	③「反対 KIN」
赤い竜	白い鏡	黄色い太陽	青い猿
白い風	赤い地球	青い嵐	黄色い人
青い夜	黄色い戦士	白い鏡	赤い空歩く人
黄色い種	青いワシ	赤い地球	白い魔法使い
赤い蛇	白い魔法使い	黄色い戦士	青いワシ
白い世界の橋渡し	赤い空歩く人	青いワシ	黄色い戦士
青い手	黄色い人	白い魔法使い	赤い地球
黄色い星	青い猿	赤い空歩く人	白い鏡
赤い月	白い犬	黄色い人	青い嵐
白い犬	赤い月	青い猿	黄色い太陽
青い猿	黄色い星	白い犬	赤い竜
黄色い人	青い手	赤い月	白い風
赤い空歩く人	白い世界の橋渡し	黄色い星	青い夜
白い魔法使い	赤い蛇	青い手	黄色い種
青いワシ	黄色い種	白い世界の橋渡し	赤い蛇
黄色い戦士	青い夜	赤い蛇	白い世界の橋渡し
赤い地球	白い風	黄色い種	青い手
白い鏡	赤い竜	青い夜	黄色い星
青い嵐	黄色い太陽	白い風	赤い月
黄色い太陽	青い嵐	赤い竜	白い犬

Chapter 5

紋章別
自分診断

ここからは生まれ持った使命や特性、強運の引き寄せ方などを説明していきたいと思います。大切なのは、まずは本来のあなた自身を知ること。マヤ暦占星術であなたの日々がよりハッピーになりますように。

赤い竜

圧倒的なオーラを放ち
愛に生きるリーダータイプ

RED DRAGON

私の本当の姿

裏 自覚している自分の姿

華やかさと魅力的な人柄でカリスマとなる人

「赤い竜」を太陽の紋章に持つあなたは、人をひきつける華やかな容姿とオーラの持ち主です。母性豊かで、周囲から頼りにされ、一目おかれる存在です。あなたがそこにいるだけで場の雰囲気がパッと明るくなり、ネガティブなエネルギーまではらうことができます。どんな場面や環境でも憧れの的となって活躍します。「赤い竜」のエネルギーを最大限に発揮するために、慈愛、感謝、自信、成功など、高いセルフイメージを持つことが開運のカギです。私はデキると自信を持って取り組めば、「赤い竜」のカリスマ性が目覚め始め、昇り竜のように活躍できるでしょう。

裏 本来の自分のあるべき姿

大きな愛ですべてを包む優しい人

「赤い竜」をウェイブ・スペルに持つあなたは、大きな愛ですべてを包む人。聖母マリアのような慈愛のエネルギーにあふれており、この世界のあらゆる富を引き寄せるパワーが強い人です。愛のパワーは磁石のように富や幸運を引き寄せ、人気運、仕事運、恋愛運、財運など、誰もがうらやむような成功を手にすることができます。あなたがさらに強運体質になるためには、あふれる愛情を人や社会に与えていくことです。富の大きさは、人や社会に対してどれだけの愛情を以て奉仕したかで決まります。あなたの中に秘められた愛のエネルギーが枯渇することはありません。あふれ出る大きな愛のエネルギーを惜しみなく使っていきましょう。

赤い竜 ✦ RED DRAGON

向いている仕事&

自覚している自分の姿

華やかな業界で人間力を武器にする！

「赤い竜」を太陽の紋章に持つあなたは、面倒見のよさとカリスマ性を備え、社会的に活躍する人。自分の仕事や職場の仲間、お客様を心から愛し、みんなをまとめるリーダーとして尊敬を集めていきます。その人間力を武器に独立・起業して社長になったり、会社員であればチームや部を統括するプロジェクトマネージャーから経営幹部や役員になったりします。お店なら店長やマネージャーになるなど、リーダーシップを発揮して活躍します。責任感が人一倍強いため、大きな仕事や困難な仕事もやりとげていきます。華やかな業界や、クリエイティビティが発揮できる仕事も向いているといえるでしょう。一方で、デスクワークや事務作業などの単調な仕事は、人間力を発揮しにくいため向いていません。あなたは社会とつながっていたいと望む人。キャリアアップするには、育児が一段落したあと働くママとしてキャリアを重ねることで、公私ともに満足のいく人生を手に入れることができるでしょう。

向いている職業

起業家、クリエイティブ系、会社役員、俳優、モデル、保育士、保険外交員

キャリアアップする方法

指導者・教育者となって尊敬を集める

「赤い竜」をウェイブ・スペルに持つあなた。大きな愛情と厳しさをあわせ持っており、指導者や教育者として活躍する人です。群を抜いた行動力や周囲をひきつける人間力に優れており、仕事ができる人として尊敬を集めていきます。プレイヤーとしても優秀。営業で好成績をあげて表彰されるなど、早い段階から頭角を現していきます。また新規事業の立ち上げなど、無から有を生み出す能力にも優れています。教育分野においては特に才能を発揮しやすいでしょう。学校の教員はもちろん会社員であれば、部下の育成やマネジメントを任されたり、経営幹部や役員といった指導者となり活躍していきます。独立・起業する人も多く、成功をつかんでいきます。あなたがキャリアアップするには、早い段階で教育者や指導者としてのスキルを身につけることが必要。プレイヤーとして活躍し続けるのもよいですが、人を育てることにやりがいを感じるはずです。ステージを上げるためにも、指導者の道に進みましょう。

向いている職業

実業家、起業家、営業職、医師、看護師、医療関係、教育関係

赤い竜 ◆ RED DRAGON

運命の相手と巡り会う

マヤ暦占星術で読む

パートナー

表 自覚している自分の姿

スペックにこだわりすぎないように！

「赤い竜」を太陽の紋章に持つあなたは、容姿端麗で周囲からの視線を集めます。これまでも恋愛の勝ち組として、もてはやされてきたことでしょう。そのためプライドが高く、自己肯定感も高いため、ハイスペックな相手を恋愛や結婚相手に求めがち。あなたの心が本質的に満たされるのはスペックに関係なく、内面や人間性を愛し、愛される関係を築けたときです。ハイブランドのバッグや車、指輪は、一時的にあなたの心を満たしたとしても、永遠に満たしてくれはしません。あなたが幸せな結婚をかなえるためには、自分よりもスペックが低いからNG、とすぐに見切りをつけるのはやめましょう。謙虚な気持ちを持ち、相手の人間性を見るように視点を変えてみましょう。あなたの容姿やスペックにひかれて近寄ってくる相手ではなく、あなたが弱い部分をさらけ出しても、守って愛してくれる。そんな人と一緒になることで、幸せな結婚を手に入れることができるはずです。

「赤い竜」の男性との上手なつきあい方

華があるイケメンタイプ。基本、俺様タイプなので、彼にリーダーシップを持たせてあげることが大事。自信家でプライドが高いので、否定するようなことはNGです。

コツ＆最適な結婚相手

与えた愛に応えてくれる人を選んで

「赤い竜」をウェイブ・スペルに持つあなたは、愛をテーマに生まれてきた人。その生涯で恋愛や結婚、子育てなど愛に関する学びが多いことが特徴です。よって家族があなたの人生を幸せにしてくれます。幸せな結婚生活に恵まれる人も多く、その意味でもパートナー選びはとても重要になります。家族ができると、パートナーや子どもがかけがえのない存在になっていきます。あなたが幸せな結婚をかなえるためには、愛情を与えたら返してくれる器の大きな相手をパートナーに選びましょう。あなたは与えることをいとわないギバータイプ。してもらってあたりまえと思っている人や感謝の気持ちがわからない人を選んでしまうと、愛の循環ができず枯渇してしまいます。母親になると母性愛が強く発揮され、子育てに専念したいと思うようになります。共働きを希望しているなら、事前にパートナーに相談しておくとよいでしょう。

「赤い竜」の男性との上手なつきあい方

20の紋章の中でいちばん愛情深く、愛し愛されたいタイプの彼なので、愛情をしっかり表現することが大切。重い女と思われないか心配する必要はありません。ちょっとくらいの束縛も平気ですよ。

赤い竜 ◆ RED DRAGON

強運をつかめる習慣・

―――― 表 自覚している自分の姿 ――――

リスクを恐れずに前進する

まるで竜の化身のようなあなたは、勢いを持ってリスクを恐れずに前進するタイプ。愛と勇気を胸に宿し、失敗を恐れず全身全霊で取り組むことによって、人生を切り開く力が与えられます。逆に、行動せずに受け身でいると運気がたちまち低下。積極的に人とかかわり、一生懸命に物事に打ち込んでいきましょう。社会性が強く、社会との縁は切っても切れないため、いかにいい人と出会い、いい仕事と出合えるかで運命が決まってしまいます。仮にチャレンジしたことがうまくいかなかったとしても、教訓として未来に生かせばいいのです。竜という名前を持つだけに、龍神がまつられている神社に参拝することは運気UPにオススメです。竜の形をした雲を見たり、竜が描かれたアイテムを身につけたりするのもいいでしょう。龍神様を味方につけて強運体質になってください。

日常の過ごし方

感謝の心を育む

あなたが強運をつかむために必要なのは、感謝の心を育むことです。感謝には、愛のパワーと同様、もしくはそれ以上に人生をより豊かにするためのエッセンスが含まれています。感謝の心を育むには、小さな幸せにいかに気づけるかです。傲慢さが出やすいところがあるので、謙虚に感謝の気持ちを持てるかどうかで運命は大きく変わってしまうのです。命があること、大切な人がそばにいてくれること、健康でいられること、仕事があること、食事をとれること、空気を吸えることなど、あたりまえにあるものは、あたりまえではなく、奇跡の連続です。不平不満や愚痴を言って運勢を下げるくらいなら、感謝できることをリストアップしてみたり、感謝の気持ちを言葉にしてみたりするのもオススメです。愛と感謝の気持ちが芽生えたとき、あなたは最強運となって、人生が好転し始めるでしょう。

赤い竜 ✦ RED DRAGON

RED DRAGON

赤い竜
の
キーワード

持っているベーシックな特性

みんなをまとめるカリスマリーダー

母性あふれる愛の人

コミュ力の高い熱血タイプ

お世話好きの子煩悩

健康志向の持ち主

あなたが果たす役割

愛に飢えている人たちに愛を施す

ハッピーワード
「与える人になる」

持ち物
龍の御守り

ラッキーの引き寄せが起こる
前兆のサイン
龍の形の雲を見た
家族から連絡が来た
愛情をギブしたくなる

運気が上がる場所
家族が暮らす家・実家

友人にオススメの相手
白い鏡

恋愛にオススメの相手
黄色い太陽

成長させてくれる相手
青い猿

白い風

**心の感度が高く感受性が
鋭い心優しいタイプ**

WIND MESSENGER

私の本当の姿

表 自覚している自分の姿

鋭敏な心で感じたことを発信するメッセンジャー

「白い風」を太陽の紋章に持つあなたは、20の紋章で最も繊細なハートの持ち主。さまざまなことを鋭敏に感じ取れる心を持っている人です。また、喜怒哀楽が激しくて、気持ちの浮き沈みがあり、世の中の動向にも敏感。急に楽しくなったり、寂しくなったり、周囲のエネルギーを受けて感情がコントロールできないことも。でも、その本質は優しさからきており、相手の思いをくみ取る能力が高いからこそです。また、霊的な能力、スピリチュアリティにも優れており、宇宙や神様とつながり、代弁者となってメッセージを発信する能力もあります。感じたことをメッセージとして発信する役割を持つ人です。

裏 本来の自分のあるべき姿

表現者としての使命を担う芸術家

「白い風」をウェイブ・スペルに持つあなたは、表現者として地球に生まれてきた芸術家。20の紋章一、表現力に恵まれており、歌う、楽器を演奏する、ダンスをする、演技をする、文章を書く、芸術で表現する、スポーツで躍動するなど、自分の魂が喜ぶことをすることで輝きます。左脳を使うよりも右脳派。思考することよりも感じることに重きをおきます。芸術家やアーティストにも多く、感性を磨くことで、能力が開花する人です。たとえ、会社員や公務員などおカタい職場に身をおいていたとしても、クリエイティブな発想があれば、自分らしい働き方ができるはずです。あなたらしい自己表現の方法を探ってみると開運につながります。

向いている仕事&

―――――― 表 自覚している自分の姿 ――――――

高いコミュ力を発揮できる仕事で活躍

「白い風」を太陽の紋章に持つあなたは、高いコミュニケーション能力を発揮できる仕事が適職です。感情や思いを言語化して伝えることが得意なので、人前に立って新商品のプレゼンテーションをしたり、ハートに訴えかけるメッセージを届けたりすることができます。また相手の心理にも敏感に反応できる人。相手の気持ちに寄り添い、理解と共感をしてから仕事を進めることができます。職種でいえば営業職、接客業、サービス業、各種アドバイザリー業務、司会者や占い師、カウンセラー、コーチなどに向いているでしょう。あなたがキャリアアップするためには、心を動かす、心に響くコミュニケーション能力を磨きましょう。ビジネスにはコミュニケーションが必須です。一方的に話すのではなく、相手の声に耳を傾ける技術を習得すること。どんな仕事でも、お客様や交渉相手の声をしっかりと聞くことができれば、より高い評価を得ることができるはずです。

向いている職業

営業職、接客業、サービス業、司会者、占い師、カウンセラー、コーチ

キャリアアップする方法

表現者として世界に感動を届けて

「白い風」をウェイブ・スペルに持つあなたは、表現者としての才能を持つ人です。豊かな感性を生かせるアーティストやクリエイターなど、芸術的分野においても、たぐいまれな才能を発揮することができます。心の星を持つあなたなので、感受性が豊か。世の中の機微や人々の心の動き、感情を敏感にキャッチするのが得意です。人々がいま求めていることを作品づくりに生かし、音楽や芸術を通して必要なメッセージを発信していくことで共感や感動を生み、高い評価や名声を手にすることができます。また金運にも恵まれやすいでしょう。あなたがビジネスや事業にかかわることで止まっていた計画が動きだしたり、新しい契約が決まったりと、お金の循環がよくなります。売上が上がるとあなたのお財布もうるおいます。さらに心の領域や精神世界にも精通しやすく、スピリチュアルな分野にも関心が高くなります。地位や物やお金に固執せず精神性を重視できるようになると、ガイドに導かれて必要な地位を与えられるでしょう。

向いている職業

アーティスト、クリエイター、カウンセラー、ミュージシャン、ライター、俳優

白い風 ◆ WIND MESSENGER

運命の相手（パートナー）と巡り会う

〜〜〜〜〜〜 表 自覚している自分の姿 〜〜〜〜〜〜

話し合いができるパートナーを選ぶ

「白い風」を太陽の紋章に持つあなたにとって、パートナーとの会話は不可欠です。良好なパートナーシップにおいて大事なのは、コミュニケーションを頻繁に取り合うことです。あなたは話を聞いてほしい、共感してほしいという欲求が誰よりも強い人。ですから今日あった出来事やうれしかったこと、寂しかったことなどを共有し合うことで、パートナーと打ち解けていきます。あなたが幸せな結婚をかなえるには、なれ合いの関係になっても会話する時間を意識的につくりましょう。会話をすることで愛を確かめ合うので、こまめな電話やSNSでのコミュニケーションも必須です。会話する時間が減ってしまったり、相手が話を聞いてくれなかったりすると、寂しさや孤独を感じて不信感をつのらせてしまいます。だからといって、話を聞いてくれる対象を探し求め、ほかの男性に寂しさを埋めてもらおうとするのは避けて。パートナーシップに亀裂が入る原因にもなりかねないので注意しましょう。

「白い風」の男性との上手なつきあい方

ちょっとしたことで傷ついたりして、気持ちの移り変わりが激しい人。外見はたくましく見えても、内面はとても優しくてナイーブです。冷たい態度をとったりするだけで不安になるので、ちゃんとレスポンスしてあげましょう。

コツ&最適な結婚相手

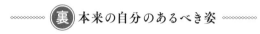

㊤ 本来の自分のあるべき姿

一緒にいて心が落ち着く人こそ運命の相手

「白い風」をウェイブ・スペルに持つあなたにとって、パートナーは心のよりどころになる相手。心がほっと落ち着く人がそばにいてくれることで、安心して毎日を過ごせるようになります。自分と感性が似ている人に好意をいだきやすいあなた。好きなことが似ている人、共通の趣味を通じて一緒に楽しい時間を過ごせるような人が理想のパートナーといえるでしょう。たとえばカフェでゆっくり会話したり、食卓を囲み一日の出来事を話したり、テレビを観ながらたわいのない会話をしたり、自然の中を散歩したり、観葉植物や飼っているペットの話をしたり。ありふれた日常に幸せを感じることができます。心地よい空間で好きな人と一緒に過ごす時間が、あなたの心身に幸福と安定をもたらします。一緒にいて心が安心しなかったり、違和感を感じたりしたらNGのサイン。うれしいときも寂しいときも、あなたの話を聞いて気持ちを理解してくれるパートナーこそ運命の相手です。

白い風 ◆ WIND MESSENGER

「白い風」の男性との上手なつきあい方

寂しがりやの「白い風」の男性は、いつもそばにいてほしいと望みます。「きょうは、どんなことがあったの?」「何か言いたいことある?」など、しっかり話を聞いてあげましょう。メールや電話やLINEでのやり取りはマスト。

裏

強運をつかめる習慣・

―――――― 表 自覚している自分の姿 ――――――

前向きで明るい気持ちでいられるように、感情を解き放つ

「白い風」を太陽の紋章に持つあなたは、心の状態で、運命が左右されやすいのが特徴。心が前向きなときは、明るくて、幸せな気持ちになるのですが、落ち込むとたちまち運気下降のスパイラルに陥ってしまいます。なんとなく心がモヤモヤしたり、気分が晴れなかったり、本領が発揮できていないと感じたりしたときは、心がSOSを発しているサインです。ほうっておくのではなく、心を解放してあげましょう。たとえば大声で笑ってみたり、泣いてみたり、いまの気持ちをノートに書き出したりして、感情をアウトプットすることがポイント。気持ちを吐き出してスッキリしたら、今度は深呼吸をして、心が気持ちよくなることをしましょう。空気の澄んだ場所に行って深呼吸をしてみたり、歌ってみたり、踊ってみたり、心がハッピーになることをしてみるといいですよ。

日常の過ごし方

インスピレーションを大切に。
心を整える習慣をつくる

「白い風」をウェイブ・スペルに持つあなたは、心で感じたこと
を表現することで魂が輝く人です。それができないでいると感
性が失われていき、なんとなく本領が発揮できていないと感じ
てしまうことがあるようです。この"なんとなく"というキーワー
ドは、実は、魂の声。頭で考えることよりも、感じたことやイン
スピレーションがあなたにとって重要なメッセージなので、心
の声をキャッチするようにしましょう。インスピレーションを活
性化させるためには、頭で考えるのではなく、感じることが大
切です。心を整える習慣を日常に取り入れると、落ち着きを取
り戻すことができます。瞑想をしたり、ヨガをしたり、目をつぶ
って心の声を聞いたりしてみましょう。あなたがいま必要とす
るメッセージやインスピレーションが、おりてくるようになるで
しょう。

白い風 ◆ WIND MESSENGER

WIND MESSENGER

白い風
の
キーワード

持っているベーシックな特性

豊かな感性を持つメッセンジャー

コミュ力豊かで高い共感力の持ち主

表現力豊かな芸術家タイプ

心を扱うスペシャリスト

金運に恵まれている

あなたが果たす役割

人々が必要なメッセージを発信する

ハッピーワード

「心の声に従う」

持ち物

イヤフォン

**ラッキーの引き寄せが起こる
前兆のサイン**

人と積極的に話したくなる

呼吸が深くなる

インスピレーションがさえわたる

運気が上がる場所

空気が澄んだパワースポット

友人にオススメの相手

赤い地球

恋愛にオススメの相手

青い嵐

成長させてくれる相手

黄色い人

青い夜

自分だけの世界を
世の中に表現していく人

DREAM STAR

私の本当の姿

表 自覚している自分の姿

理想と夢に生きるアイディアリスト

「青い夜」を太陽の紋章に持つあなたは、"夢"が人生のキーワードになる人。理想と夢に生きるアイディアリスト（理想主義者）です。夢をかなえるパワーの強さは20の紋章で一番。人の夢までもかなえる力を秘めています。あなたが開運するためには、人の夢をかなえるお手伝いをしたり、一緒に夢をかなえてあげたりすること。あなたの夢が人の夢をかなえるものであるならば、宇宙は味方し、幸運のシンクロニシティを運んでくれます。夢を持ちにくい現代だからこそ、自らがお手本となって、夢や理想を追うことの大切さを教えてあげましょう。夢が持てないという人がいたら、どんな小さな夢でもいいので一緒に夢の種を見つけてあげましょう。恋愛、仕事、勉強、家族、財産、健康、友人、体験してみたいことなど、かなえてみたいものは山ほどあるはずです。かなえたい夢を100個書き出してみることで、人生の中で自分が何を望んでいるのかがわかってきます。

裏 本来の自分のあるべき姿

学んだことがすべて将来の夢やキャリアにつながる人

「青い夜」をウェイブ・スペルに持つあなたは、理想よりも現実世界を生きるリアリストです。何事においても現実的に見るタイプなので、どこかクールな印象を持たれやすいのが特徴です。現実世界への柔軟性が高く、経済活動にも敏感。資本主義社会を生き抜く力に優れています。もともと自営業や商いをしている家系に生まれてくる人も多く、良家のお坊ちゃまやお嬢様にも多いのが特徴です。小さいころから実家の商いのお手伝いをしたり、親の働く姿を見たりしているので、自然と仕事のやり方を身につけ、社会に出てすぐに頭角を現す人も多いです。これからは、女性が社会で活躍する時代です。キャリアアップを目指して、100年ライフを生きていくのもおもしろいかもしれません。

青い夜 ◆ DREAM STAR

向いている仕事&

表 自覚している自分の姿

人の夢をかなえる仕事が天職

「青い夜」を太陽の紋章に持つあなたは、人に夢を与えることや人の夢をかなえるお手伝いをする仕事が天職です。夢をかなえるパワーは20の紋章の中で最も強力。人の夢を応援する仕事が自分の夢に直結していれば、大いなるパワーを与えられます。一方で、自分の利益ばかりを追求していると本来の能力は発揮できません。仕事がうまくいかないときは、自分のことばかり考えていないかどうか振り返ってみましょう。職業としては教師、スポーツ選手、パイロット、宇宙飛行士、タレント、俳優、ミュージシャン、経営者、コーチ、トレーナー、コンサルタントなど、人から憧れられる仕事が向いています。あなたがキャリアアップするためには、大きな夢や目標を持つことです。普通の人が想像もしないような、大きなロマンを胸にいだきましょう。夢は見るものではなく、かなえるもの。人の夢をかなえることができたとき、あなたは何でもかなえられる力を手にしているはずです。

向いている職業

教師、スポーツ選手、パイロット、宇宙飛行士、俳優、ミュージシャン、
経営者、コーチ、トレーナー、コンサルタント

キャリアアップする方法

経済・経営・ビジネスで財を成す

「青い夜」をウェイブ・スペルに持つあなたは、現実世界に強く、たぐいまれなビジネスセンスを持っています。商売をやっている家に生まれ育ったり、資産家の家に生まれたりしている人も多く、お金や経済とも強いご縁があります。ゼロから起業し、ビジネスを大きくしたり、投資・資産運用をして、お金持ちになったりするケースも。仮に学生のころビジネスに関心がなかったとしても、社会人になりビジネスに携わってから才能が開花することもあります。バリバリ仕事をこなすキャリアウーマンを目指しているなら、本来の生き方と合っています。仕事には懸命に打ち込みましょう。さらなるキャリアアップを目指すために資格を取得したり、大学院に進学するなどしてビジネスエリートを目指したりするのもよいでしょう。キャリアアップするためのおすすめの神社は、学問の神様やお稲荷様。もともと財運はあるので、自己利益ではなくビジネスを通して社会が豊かになることを願ってみて。あなたの仕事運はますますUPして、富と成功を引き寄せることができるでしょう。

向いている職業

実業家、トレーダー、会計士、税理士、
ファイナンシャルプランナー、金融関係

青い夜 ◆ DREAM STAR

運命の相手と巡り会う

表 自覚している自分の姿

妄想はやめ現実にしっかりと目を向けて

「青い夜」を太陽の紋章に持つあなたは、大変なロマンチスト。理想の恋に憧れをいだく妄想家タイプです。いつか自分の理想とする白馬の王子様がやってくるのではないか。そんな妄想をふくらませており、少女漫画に出てくるような理想の恋を探し求めがちです。憧れをいだく理想のお相手とおつきあいができたとしても、生活を共にしていくと現実を突きつけられることに。百年の恋が一気に冷めてしまうこともあります。理想が高すぎるあまり相手の条件ばかりに目が向き、現実とのギャップに悩むことも多いようです。現実はシビアで、完璧な相手などめったにいないことを知っておきましょう。そんなあなたが結婚をかなえるには、現実にしっかりと目を向けることです。理想の相手を探し求めるのではなく、出会えたらラッキーと思うくらいにして、現実的な恋活&婚活をしましょう。白馬の王子様が現れるのを待っていたらタイミングを逃した、なんてことがないよう気をつけてくださいね。

「青い夜」の男性との上手なつきあい方

「青い夜」の彼は、夢に生きるドリーマー。ロマンに生き、いつも夢を語っているようなタイプです。そんな夢見がちな彼の夢の実現を応援してあげることが「青い夜」の彼にとって一番の喜びです。落ち込んでいるときは、励ましたり、夢をかなえるサポートをしてあげたりすることで距離を縮めることができます。

コツ＆最適な結婚相手

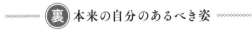

⽔⽔⽔⽔ ㊙ 本来の自分のあるべき姿 ⽔⽔⽔⽔

初対面でもオープンマインドで接する

「青い夜」をウェイブ・スペルに持つあなたは、シャイで自分の心の内を明かさないタイプです。初対面の相手にはすぐに心を開くことはなく、安心・信頼できる相手だと確信できたら少しずつうちとけていきます。そんなあなたなので、一目ぼれをすることはまれ。友人関係からじっくりと関係を育み、恋に発展する恋愛のパターンがほとんどでしょう。大人数でワイワイするような、合コンやパーティーなども苦手です。よく知らない人に土足でパーソナルスペースに踏み込まれると、反射的に心をシャットダウンしてしまいます。それよりも少人数の飲み会や、友人からの紹介で知り合った相手のほうが話しやすく、恋愛に発展する可能性も高いです。好意を持っている相手に対しては、「好き」という気持を伝えることが苦手。恋愛や結婚には時間がかかることを知っておきましょう。心を開き、勇気を持って想いを伝えることで、恋の成就につながります。

「青い夜」の男性との上手なつきあい方

人づきあいがあまり得意でない「青い夜」の男性は、みんなでどこかに出かけるなどワイワイすることをあまり好みません。休日も買い物など外出するよりも、まったり家でくつろいでいたいタイプです。アグレッシブな女性からするともの足りなさを感じるかもしれませんが、二人きりの時間を大切にしたい人なのです。

強運をつかめる習慣・

〜〜〜〜〜〜 **表** 自覚している自分の姿 〜〜〜〜〜〜

具体的な夢や目標を文字や映像にして
発信することで開運する

「青い夜」を太陽の紋章に持つあなたは、夢や目標を持ち、行動することで開運する人。夢をかなえる力が20の紋章一強く、願ったことやイメージしたことを具現化する力があります。強運をつかむためには、具体的に夢や目標を描き、将来の自分の姿を鮮明にイメージすること。どんな自分になりたいのか？1年後、3年後、10年後、その先の未来を鮮明に思い描けるまで具体的にイメージしてみましょう。ただ頭の中でイメージするだけでなく、ノートや手帳に願望を書き出すことでより実現力が高まります。さらに強運をつかみたいと願う人は、あなたの夢やかなえたいことを口に出して発信することを習慣にしてみてください。チャンスを呼び込み、次々に願望が実現するはずです。

日常の過ごし方

〜〜〜〜〜 裏 本来の自分のあるべき姿 〜〜〜〜〜

オープンマインドな
自分になること

「青い夜」をウェイブ・スペルに持つあなたは、ミステリアスな
世界観を持っており、内向的な性質を持つタイプ。心の内を
安易に人に明かすことを好まず、自分の中で深く掘り下げる傾
向があります。その性質がネガティブに出ると、人との交流を
せずに、家に引きこもってしまうことがあるようです。強運をつ
かむためには、積極的に人とかかわり、夢に向かって生きるこ
とがポイント！　心をオープンにして、たくさんの人とかかわ
り、社会と接する時間を増やしましょう。人とかかわることが
苦手で、内気な性質を変えたいと望む人は、海外旅行や短期
留学をしてみるのもオススメです。海外にはフレンドリーな人
が多いので、海外での生活が自然とあなたをオープンマインド
にしてくれるかもしれませんよ。

青い夜
の
キーワード

持っているベーシックな特性

人に夢と希望を与える人

マイペースで軸がぶれない人

ロマンチストで理想が高い

お金の管理が得意で経済・ビジネスに強い

財運に恵まれるタイプ

あなたが果たす役割

人の夢をかなえるお手伝いをする

ハッピーワード

「夢はかなう」

持ち物

マインドマップ

**ラッキーの引き寄せが起こる
前兆のサイン**

幸運な夢を見る

宝くじが当選した

流れ星を見た

運気が上がる場所

プラネタリウム

友人にオススメの相手

黄色い戦士

恋愛にオススメの相手

白い鏡

成長させてくれる相手

赤い空歩く人

黄色い種

知的で博学！20の紋章で
最もインテリなタイプ

GOLDEN SEED

私の本当の姿

表 自覚している自分の姿

知性と教養に恵まれた人

「黄色い種」を太陽の紋章に持つあなたは、優れた知性と教養に恵まれた人。博学多才で頭がよくIQも高いタイプ。子どものころから本が大好きだったり、勉強が得意だったりで、知識をスポンジのように吸収します。20の紋章の中で最もインテリジェンスに優れた星です。あなたの役割は、その優れた知性と教養を人類が進化するために使うことです。人の暮らしや社会がよりよくなるために何ができるかを考えて、あなたの興味・関心のある分野に貢献していきましょう。たといま興味のある分野がしぼれていなくても、のちに点と点をつなげ、あなたらしい方法で形にしていくことができるでしょう。"気づき"が大きなヒントになるので、どんな小さな気づきも大切にすることを忘れないでください。

裏 本来の自分のあるべき姿

才能や可能性を目覚めさせる役割を持つスペシャリスト

「黄色い種」をウェイブ・スペルに持つあなたは、人の可能性を引き出したり、才能に目覚めさせたりする役割を持つスペシャリスト。その人が何をしたらもっとよくなるのか、どんな環境に身をおいて、何をすれば能力を開花させることができるのかなど、ありとあらゆる分野から多角的に分析するのが得意です。特に自分が興味のある分野に関心が向きやすく、納得がいくまで徹底的に研究したいスペシャリストタイプ。一方で、自分のことに関しては理解が浅く、何をしたらいいかわからずに、考えすぎて深みにハマることもしばしばあるようです。あなたの特徴を生かして研究や教育をしたり、プロデュースをしたり、相手の心に動機づけをしたりして、才能や可能性を引き出してあげましょう。

向いている仕事&

―――― 表 自覚している自分の姿 ――――

知恵とアイディアで
人類の進化に貢献する

「黄色い種」を太陽の紋章に持つあなたには、知恵とアイディアで社会や人類の進化に貢献できる仕事が最適です。子どものころからとにかく知識欲が旺盛。本を読みあさったり、知識を得たりすることに喜びを感じます。記憶力がよく、勉強も得意で成績優秀な人が多いです。そのため偏差値の高い学校に進学したり、高収入の仕事に就くことも珍しくありません。多方面から得た知識やデータをもとに分析し、ロジカルに物事を組み立てることが得意なあなた。論理的思考能力を使う職種が向いています。たとえば弁護士や会計士、マーケッター、エンジニア、プログラマー、学者、教師など。得た知識を人や社会のために役立てられるような仕事を選ぶと、才能が開花するだけでなく、やりがいを見いだすことができるでしょう。また人が思いつかないような斬新な発想をするなど、アイディアのセンスにも優れています。クリエイティブな分野で成功する人も多いでしょう。頭のよさで尊敬を集め、自然と出世していくタイプだといえそうです。

向いている職業

弁護士、会計士、マーケッター、エンジニア、プログラマー、学者、教師

キャリアアップする方法

高い専門性を持つ
スペシャリストとして活躍

「黄色い種」をウェイブ・スペルに持つあなたには、スペシャリストとして才能を発揮できる職業が最適です。興味のあるものに対してとことん掘り下げる性格。なぜそうなるのか？　理由が判明するまで、没頭して物事の成り立ちを解明しようと試みます。その特性を生かせるのは、研究職など専門分野を究めるスペシャリスト。たとえば不治の病の治療薬を発明したり、難関といわれる学問の学位を取得したりといった偉業をなしとげることができるかもしれません。持ち前の探究心を生かせる職種を選びましょう。さらには物事がより発展し、人が成長するためにどうしたらよいかを考えることが得意。プロデュース業や教育者など、気づきを与えて成長の手助けをする才能もあります。何事もよく熟考し、納得してから物事を進めていくタイプであるがゆえに、スピードはゆっくりめです。高い専門性を身につけた一目おかれる存在として、じっくりとキャリアアップを目指しましょう。

向いている職業

研究職、専門職、プロデューサー、教育者、弁護士、エンジニア、プログラマー

黄色い種 ◆ GOLDEN SEED

裏

運命の相手と巡り会う

バートナー

―――― 表 自覚している自分の姿 ――――

冷静沈着で理性的な
自分と同じタイプを選んで

「黄色い種」を太陽の紋章に持つあなたは、感情的ではなく理性的な恋をするタイプです。感情にまかせて話すより、論理的に物事を考えて話すのが得意。観たい映画一つ決めるのにも、なぜその映画が観たいのかという理由づけが必要です。頭がよいので、ホワイトカラー職に就き高学歴・高収入のハイスペック男女が多いのも特徴の一つ。直感的な一目ぼれをすることはほとんどなく、相手の考え方や価値観、趣味や嗜好などの人柄を見て好意をいだくようになります。好きな理由を自分なりにあれこれ考えて、納得すると相手に興味・関心をいだきます。好きな理由が明らかになると、相手のすべてを知り把握したくなるのです。さらにいうと、とてもマメなタイプです。約束したことは守り、連絡を欠かさず誕生日や記念日も覚えているので、ルーズなことが嫌いでしっかりしたタイプとうまくいきやすいでしょう。

「黄色い種」の男性との上手なつきあい方

理性的な恋をするタイプ。感情や本能に動かされにくく、冷静に判断・行動する人です。ですから、感情論で話しても全く響かないため、冷静になってロジカルに伝えるように意識しましょう。

コツ＆最適な結婚相手

スペックよりも心に芽生える感情を大切に

「黄色い種」をウェイブ・スペルに持つあなたは、インテリで大人な紳士&淑女タイプ。プライドが高く、自分に自信があります。異性に対するこだわりが強く、ハイスペックな相手を求めている人を多く見かけます。自分とつきあう相手は高学歴や高収入であることが条件など、相手に求める基準が高くなりやすいです。一方で、一度好きになると周りが見えなくなるタイプ。好きな人のことばかり考えるようになります。あれこれと思いをめぐらせ、深みにハマってしまうこともあるようです。いまある幸せに着目し、自分にも相手にもプラスになることを建設的に考えるようにすれば、よい結果が生まれるでしょう。いざ結婚となれば相手の学歴や年収、家柄など、条件を重視するタイプです。条件をあげればキリがありません。話したときに芽生える感情、うれしい、楽しいといった思いを相手のスペック以上に大切に感じられるようになると、幸せな恋愛や結婚に巡り合うことができるでしょう。

「黄色い種」の男性との上手なつきあい方

興味のある相手のことを何でも知りたがるタイプ。いま何をしているのか、誰といるのかなど、まめにLINEや電話をしてほしいタイプです。逆に無関心だと、興味が薄れていってしまうので、積極的にアプローチしてみるといいでしょう。

黄色い種 ◆ GOLDEN SEED

強運をつかめる習慣・

―――― 表 自覚している自分の姿 ――――

一日の終わりに
気づきを振り返る習慣をつくる

「黄色い種」を太陽の紋章に持つあなたは、気づきの中から、人生のヒントの種を得る人。気づきを意識することで、いままで目を向けていなかったことに目を向けられ、人生がよくなるたくさんのヒントを見つけることができます。「なぜ、いまこの環境にいるのか」「なぜ、この職業を選んだのか」「なぜ、この相手と一緒にいるのか」など、気づきの中に開運するための大きなヒントが隠されているのです。あなたにオススメしたい習慣は、ノートや手帳にメモしておいて、一日の終わりにどんな気づきがあったのか振り返ること。そうすればさらに効果が高まります。気づきを学びに変え、行動に移していくことで、人生がどんどん開運するでしょう。

日常の過ごし方

知的好奇心を絶やさずに
生涯学習を

「黄色い種」をウェイブ・スペルに持つあなたは、知的好奇心旺盛な人。まるで子どものように、新しいことを何でも知りたいと望むタイプです。その探究心は、年を重ねるごとに増していき、失せることはありません。新しいことを知ったときや本を読んで学んでいるときが、何よりも楽しいと感じます。あなたにとって生涯学習が人生のテーマなのです。その特徴を生かしながら、最も興味のある分野を時間とエネルギーをかけて探求・研究してみましょう。あなたにしかたどり着けない境地へ到達することができます。100年ライフは、長い時間をかけて知的欲求を満たすことが可能となる時代。AI（人工知能）に負けないくらいの知識と知恵をもって、この社会がよくなるためのアイディアを生み出してください。

黄色い種 ✦ GOLDEN SEED

GOLDEN SEED

黄色い種
の
キーワード

持っているベーシックな特性

博学多才な学者肌

勉強熱心で探究心が強い人

生涯にわたり学びを深める

人の才能を開花させるプロデュース力

感じるよりも頭で考えるタイプ

あなたが果たす役割

知恵とアイディアで人類を進化させる

ハッピーワード

「知識は力なり」

持ち物

人生のバイブル

**ラッキーの引き寄せが起こる
前兆のサイン**

アイディアが浮かぶ

興味・関心が高まる

人生のバイブルが見つかった

運気が上がる場所

スクール

友人にオススメの相手

青いワシ

恋愛にオススメの相手

赤い地球

成長させてくれる相手

白い魔法使い

赤い蛇

やる気スイッチが常に
ONながんばりやさん

RED SNAKE

私の本当の姿

表 自覚している自分の姿

常にポジティブな自信家

「赤い蛇」を太陽の紋章に持つあなたは、エネルギッシュで生命力にあふれた人。自信家で向上心が高く、何事においても一生懸命です。直感力に優れ、ピンときたインスピレーションをすぐに行動に移せる人なので、成功を自分のものにするパワーが人一倍強いです。また身体能力にも優れ、体を動かすことが得意。体のコンディションが運勢を大きく左右するため、ヨガやランニングなど、定期的に体を動かすことでさらなるツキを味方につけることができます。あまり落ち込むこともないのですが、きげんが悪いときは気分にムラが出たり、批判的になったりすることがあるので要注意。感情をコントロールできる人は、自らの運命をもコントロールできる人です。どんなときも内なる情熱を絶やさず、心穏やかに過ごすことを意識してくださいね。

裏 本来の自分のあるべき姿

真実を追求することに意欲を燃やす情熱家

「赤い蛇」をウェイブ・スペルに持つあなたは、正義感が強く、曲がったことが大嫌い。この世界にはびこるうそや偽り、矛盾を解消し真実を追求するために意欲を燃やす情熱家です。正義感からか、自分がこうだと思い込むと、異なる意見を受け入れなかったり、自分の主張を押し通そうとしたりする傾向があります。考え方や価値観は人それぞれ。正義をかざしたり、自分の考えを相手に押しつけたりしないようにしましょう。さまざまな意見を柔軟に取り入れ、ベストな選択ができるようになると自分の器が大きくなり、運の器も大きくなりますよ。

赤い蛇 ◆ RED SNAKE

裏

向いている仕事&

表 自覚している自分の姿

高い目標を設定して成功をつかむ

「赤い蛇」を太陽の紋章に持つあなたは情熱と野心、バイタリティにあふれています。仕事において成功をつかむ人が多いです。賢くて勝気なので、勝負事にもとても強い。特に競争社会では、その資質や能力を存分に発揮することができます。持ち前のバイタリティを生かして積極的に人と会ったり、活発に行動できる仕事を選んだりすることがポイントです。向いているのは、人と会う営業職やサービス業や起業家。リスクを恐れず、すぐに立ち直ることのできるタフなメンタリティを発揮できる職種が向いているでしょう。一方で、ルーティンワークや一日中座って作業するような単調な仕事は退屈で飽きてしまいます。目標が低すぎるとモチベーションが上がらず、不完全燃焼で終わってしまうことがあります。目標が高ければ高いほどやりがいとやる気があふれ出てくるはず。普通の人が到達できないような高い目標を設定して、キャリアアップを目指してください。

向いている職業

歩合制営業職、サービス業、イベンター、起業家、スポーツ関係、モデル

キャリアアップする方法

━━━━━ （裏）本来の自分のあるべき姿 ━━━━━

熱中できる仕事を選べば成功する

「赤い蛇」をウェイブ・スペルに持つあなたは、大好きで熱中できる仕事に巡り合うことが成功への近道。好き嫌いがはっきりしているため、好きではない仕事ややりたくない仕事には気持ちが入りません。そんな仕事をいやいや続けているとストレスがたまり、病気になりがちなので注意が必要です。好きな仕事に対しては全力を傾けてがんばることができます。人の何倍も努力をして、高い成果を生み出すことができるはずです。ワクワクするような情熱を傾けられる仕事であれば、独立・起業してからも高い確率で成功をつかめるでしょう。初めのころは自分の成功や利益を追求しやすいですが、自己実現ができると「誰かのために！」というギバーの精神が発揮されていきます。このステージに入ると、自分でも驚くほどの高い能力をパワフルに発揮することができます。成功を手にしたら、次のステージでは世のため人のためになることを仕事に選んでください。

向いている職業

スポーツインストラクター（トレーナー・ヨガ・ピラティスなど）、
実業家、記者、ジャーナリスト、パフォーマー

運命の相手と巡り会う

バートナー

～～～ 表 自覚している自分の姿 ～～～

恋愛体質なあなたには
国際結婚もオススメ

「赤い蛇」を太陽の紋章に持つあなたは、異性をひきつける華やかなフェロモンを放つタイプ。容姿端麗でスタイルもよいので、男女ともに"モテオーラ"を発する人気者です。恋愛事情は華やかな一方、気持ちの移り変わりが激しい面も。昨日は好きだと言っていたのに、翌日にはほかの人が気になるなど、気まぐれで、熱しやすく冷めやすいという特徴もあります。自分の気持ちに正直すぎるために、恋をしているときとそうでないときの差がとてもわかりやすい人なのです。一度誰かを好きになると自ら積極的にアプローチ。ねらった獲物は逃さない肉食系といえそうです。恋人とのスキンシップを重要視していて、好きという気持ちや愛情を肉体のエネルギーから確かめようとします。一晩だけの関係にならないように、自分の身はしっかり守りましょう。恋に貪欲で、ラテン系の恋愛を求めるあなたは、外国人との相性もよさそうです。いまの環境で魅力的な人が見つからないなら、国際結婚もオススメです。

「赤い蛇」の男性との上手なつきあい方

彼を振り向かせる最も効果的な方法は、スキンシップ！　「愛してる」という言葉よりも、体で愛情を表現すると伝わるタイプです。ただし、一晩だけの関係にならないように自分の身はしっかり守って。

コツ＆最適な結婚相手

嫉妬心を抑えることで
幸せな恋がかなう

「赤い蛇」をウェイブ・スペルに持つあなたは、好きな人に対して一途に愛情を表現します。恋をするとまっすぐにアタックする情熱を持っている人。でもいつも相手のことが気になって、ほかのことが手つかずになる不安定な一面もあるようです。それがだんだん執着心に変わることも。度が過ぎると相手を思いどおりにしたい欲求がわき上がり、束縛してしまうことがあるので注意が必要です。相手が会社の飲み会に行ったり、友人と遊びに行ったりするだけで嫉妬してしまい、きげんが悪くなり、疑心暗鬼になってひとりでから回りしてしまうこともあるようです。嫉妬心や束縛心が出ているかも…と感じたときは、まず深呼吸。相手に感情や怒りをぶつけるのではなく、友人との時間や趣味の時間を大切にするなどして気分転換をはかりましょう。あなたにお似合いなのは、クールな相手よりも愛情をしっかり表現してくれる相手。そんな人と一緒になることができれば、幸せな結婚生活をかなえられるでしょう。

「赤い蛇」の男性との上手なつきあい方

愛情が強いため、相手を自分の思いどおりにコントロールしようとします。束縛も愛情表現の一つと受け止められれば恋が楽しいものになるでしょう。

赤い蛇 ◆ RED SNAKE

強運をつかめる習慣・

〜〜〜〜〜〜 (表) 自覚している自分の姿 〜〜〜〜〜〜

自分のインスピレーションを信じる

「赤い蛇」を太陽の紋章に持つあなたが強運を引き寄せるためには、大事な選択を迫られたときに、インスピレーションに従うようにしましょう。社会を生き抜く能力に優れたあなたは、左脳が働き、損得のそろばんをはじいて自分の利益を優先しがち。自分中心に考えるくせが身についてしまうと、宇宙の本質の愛のエネルギーと相反するマインドで過ごすことになるので、たちまち人生がうまくいかなくなります。たとえば、人のことを考えないで行動してしまったり、ついつい欲深くなってしまったり。そうすると人が離れていきます。運やチャンスは人が運んでくることが多いので、強運を味方につけるためには、お互いにとってベストな関係を築くためにはどうすればいいかという問いかけを頭の片隅においておきましょう。

日常の過ごし方

◇◇◇◇◇◇◇◇ (裏) 本来の自分のあるべき姿 ◇◇◇◇◇◇◇◇

貪欲に自分の幸せを願うこと

「赤い蛇」をウェイブ・スペルに持つあなたが強運を引き寄せるためには、貪欲に自分の幸せを願うこと。どんなときも自分の魂の声に正直でありたいと思っているので、自分の欲求にうそをついて生きていると、たちまちぐあいが悪くなります。ただ、それが強く出すぎると周囲からは"セルフィッシュな人"と思われてしまうことになるので注意。貪欲に自分の幸せを願いながらも、利他の精神を兼ね備える必要があります。自我をコントロールしながら、周囲の幸せを願ったり、貢献をしたりしましょう。利他の精神に目覚めれば目覚めるほど、どんどん開運していくことがわかるでしょう。周囲とのバランスも大切。争わずに愛と調和を意識することで、運勢は上昇します。

RED SNAKE

赤い蛇
の
キーワード

持っているベーシックな特性

容姿端麗で情熱的

生命エネルギーが高く本能のままに生きるタイプ

最後まで諦めない努力家

正直者で正義感が強い

恵まれた身体能力

あなたが果たす役割

情熱で人々のハートに火をつける

ハッピーワード

「努力に勝る天才なし」

持ち物

ミネラルウォーター

**ラッキーの引き寄せが起こる
前兆のサイン**

メンタルが安定している
水をたくさん飲みたくなる
コンディションがよい

運気が上がる場所

ヨガスタジオ

友人にオススメの相手

白い魔法使い

恋愛にオススメの相手

黄色い戦士

成長させてくれる相手

青いワシ

白い世界の橋渡し

人を喜ばせることが大好きな
ホスピタリティあふれる人

SPIRITUAL BRIDGE

私の本当の姿

表 自覚している自分の姿

スピリチュアルとリアルをバランスよく生きる

「白い世界の橋渡し」を太陽の紋章に持つあなたは、スピリチュアルな世界とリアルな世界をバランスよく生きることで開運する人。日常を過ごしていると、どうしてもリアルな世界に偏りやすいので、それだとせっかくの才能が開花しなかったり、持っている運勢を生かしきることができなくなったりしてしまいます。「なんとなく運が落ちている」「もっと運を上げたい」と感じたときは、パワースポットや神社仏閣、お墓参りに行くと強運を味方につけることができます。どうしても忙しくて行けないときは、心の中で愛と感謝の気持ちをつぶやくだけでもOK。いまあるのは周囲のおかげ、という気持ちを持って日々過ごすと、ご先祖様や守護霊からのサポートを受けることができますよ。

裏 本来の自分のあるべき姿

喪失と再生を繰り返す、人生の学びの多い人

「白い世界の橋渡し」をウェイブ・スペルに持つあなたは、橋渡しという名前のとおり、天と地を体験する人生を送ります。学びがとても大きな人です。生きていると、天気のように、晴れの日もあれば曇りの日もあるように、平坦なわけではありません。ときには、立ち直れないような出来事があなたに訪れるかもしれません。そこから何を学び取るかが大事なのです。学びが大きい人生だからこそ、人の痛みがわかり、愛することの意味や感謝することの大切さを知っています。そのため精神的にも優れ、人の上に立ってリーダーとして活躍する運命の人です。ホスピタリティマインドも高く、人が喜ぶことを率先して行うサービス精神を持っています。日本人女性は、世界の中でも最も精神レベルが高いといわれ、これからは活躍する場面が世界にも広がっていきます。世界を舞台に優れた精神性を発揮していってください。

白い世界の橋渡し ✦ SPIRITUAL BRIDGE

向いている仕事&

―――― 表 自覚している自分の姿 ――――

世界を股にかけて活躍する

「白い世界の橋渡し」を太陽の紋章に持つあなたの天職。それは世界を舞台に活躍できる仕事です。世界の橋渡しと名がついているように、日本国内だけでなくグローバルに活躍できる才能の持ち主です。海外留学の経験があったり、語学が得意だったりと、一生を通じて海外とのご縁に恵まれることが多いでしょう。キャリア選びにおいても、外資系企業や海外展開している日系企業を選ぶと可能性を広げることができます。稀有なコミュニケーション能力と人当たりのよさを武器に、人とかかわる仕事に就くと才能を生かすことができるでしょう。人脈形成が得意なので、広い人脈を使ってスケールの大きい仕事をこなせる人です。まじめにコツコツと仕事をしていると、目上からの引き立てにも恵まれやすく、出世しやすい星です。ただし私利私欲を持つと失敗しやすいため、堅実にキャリアを積んでいきましょう。グローバル企業の営業職や商社勤務のほか、外交官や政治家、起業家などの職種も向いています。

向いている職業

営業職、商社勤務、外交官、政治家、起業家、外資系企業、
客室乗務員、ツアーコンダクター

キャリアアップする方法

⟨裏⟩ 本来の自分のあるべき姿

ホスピタリティを重視した職種がカギ

「白い世界の橋渡し」をウェイブ・スペルに持つあなたは、サービス精神が旺盛。人を笑顔にする仕事が最適です。人やお客様を喜ばせることが自分の心の満足につながっていきます。ホスピタリティ産業があなたの天職といえるでしょう。たとえば接客業の中でも高度なホスピタリティを必要とされるホテル勤務やコンシェルジュ、秘書、受付など。かゆいところに手が届くサービス精神が生かされ、あなたの活躍の場を広げてくれます。直接「ありがとう、君に接客してもらえてよかった」と言ってもらえるとやりがいを感じ、がんばる力がわいてきます。逆に無機質な仕事だと退屈で、あなた本来の力が生かせません。対人であることがポイントです。あなたの人生経験をもとに人の相談に乗ったり、精神的な指導をしたりする仕事にも向いているでしょう。キャリアアップを目指すなら、"お客様のため"というホスピタリティマインドを常に大切に仕事に取り組むこと。そうすれば、どんな職業を選んでも高い評価を得られるでしょう。

向いている職業

コンシェルジュ、秘書、受付、サービス・接客業、セクレタリー

運命の相手と巡り会う

バートナー

×××××××× 表 **自覚している自分の姿** ××××××××

仕事のつながりからのご縁を大切に

「白い世界の橋渡し」を太陽の紋章に持つあなたは、社交的。人との出会いに恵まれる、恋多き人です。人当たりがよく、誰とでも分けへだてなく接することができるため男女ともに人気の星です。出会いのチャンスにも事欠きません。多様性を尊重でき、年齢差や国の違いも気にならないタイプ。10歳以上年が離れた相手と結婚したり、国際結婚をしたりと、自分の人生観や価値観を変えてくれるような尊敬できる人に心ひかれます。ただ、どうしても恋愛より仕事に熱中しやすく恋がおろそかになりがち。仕事がらみのご縁から運命の相手と巡り会うことも多いようです。会社の飲み会、クライアントとの会食などには積極的に顔を出すとよいでしょう。あなたが結婚をかなえるためには、やりがいとしている仕事を理解してくれ、公私ともに協力し合えるパートナーが最適です。専業主婦だともの足りなさを感じてしまうタイプ。一緒に切磋琢磨できる相手を選ぶと、人生が豊かになります。

「白い世界の橋渡し」の男性との上手なつきあい方

仕事人間の彼は平日は遅くまで仕事をし、週末は接待ゴルフなど、いつも忙しくしています。かまってもらえないからといって「私と仕事どっちが大切なの?」などと問いつめると、彼を困らせてしまうのでNGです。一生懸命な彼を理解して応援してあげましょう。

コツ＆最適な結婚相手

∞∞∞∞∞ 裏 本来の自分のあるべき姿 ∞∞∞∞∞

未練を断ち切ったあとに出会いが訪れる

「白い世界の橋渡し」をウェイブ・スペルに持つあなた。多くの恋愛経験を重ね、相手の喜ぶ顔を見ることを喜びとし、人づきあいも上手。異性からの人気もかなり高めです。しかし仕事が忙しく、たくさんの出会いがあるせいか、結婚までには時間を要することが多い傾向にあります。結婚を約束していた相手と突然別れることになってしまったり、別れたと思ったらまた新たな出会いが訪れたりと、喪失と再生を繰り返しやすいのも大きな特徴です。あなたが結婚をかなえるタイミングは、過去の恋を手放し、未練を断ち切ったあと。そうすれば運命の出会いが訪れるでしょう。大好きな人を失った喪失感ははかり知れないですが、新たな出会いに希望を持ち、前を向いて進んでいきましょう。また、人運がよいため友人や人の紹介で運命の相手と巡り会うことがあります。「すてきな人がいたら紹介して」と日ごろからお願いしておいてください。

「白い世界の橋渡し」の男性との上手なつきあい方

優しい彼は、いつも彼女のことを一番に考えている人。仕事に追われていても、口に出さなくても、彼女の喜ぶ顔を見たいと思っています。だから、いつも笑顔で迎えてあげることが大切。また、サプライズしてくれたり、プレゼントをくれたりしたときは、彼の気持ちを素直に受け取って。喜びをあらわしてあげるとすてきな関係が築けます。

強運をつかめる習慣・

〜〜〜〜〜〜 （表）自覚している自分の姿 〜〜〜〜〜〜

パワーチャージを欠かさない

「白い世界の橋渡し」を太陽の紋章に持つあなたが強運を引き寄せるためには、パワーチャージを欠かさないこと。このパワーとは、目に見える力のことではなくて、目に見えないパワーやエネルギーのことです。たとえば、パワースポットと呼ばれるところだったり、空気の澄んだ場所であったり、自然に囲まれる川や海だったり、なんとなく気持ちが晴れやかになるところです。「白い世界の橋渡し」のあなたは、人混みやビルに囲まれた中にいると気やオーラが汚れてしまいます。定期的にデトックスしに行くことをオススメします。もしできるのならば、毎日の習慣にすると強運を味方につけられるようになるでしょう。近くの神社やパワースポットに行って、気を整えたりエネルギーチャージをしたりすることで運を強めることができますよ。リアル（現実）をよりパワフルに生きるためにも、スピリチュアリティ（精神性）を大切にする生き方をしてみましょう。

日常の過ごし方

手放すことを恐れない

「白い世界の橋渡し」をウェイブ・スペルに持つあなたが強運を引き寄せるためには、手放すことや失うことを恐れないこと。喪失と再生を繰り返す運命なので、不必要なものを手放したとき、運命が動きだします。これは否定的な意味ではありません。運命を変えたいと強く願うのならば、手放す覚悟を持つことが必要不可欠なのです。なぜなら、橋渡しという名前のとおり、地を体験しないと、天を体験できない運命だからです。20の紋章一、魂の学びが大きく、学ぶべきことをクリアしたら、次のステージの魂の学びが訪れます。この繰り返しによって魂が成長するのです。やがて、宇宙法則の一つである等価交換法則が働き、手放したら、それ以上の大きなものが手に入ってきます。「すべてはよい方向へと導かれている」。そう信じて人生を生きていくと、あなたの魂が望む方向へと導かれていくでしょう。

白い世界の橋渡し　SPIRITUAL BRIDGE

白い世界の橋渡し
の
キーワード

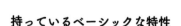

持っているベーシックな特性

空気を読む力に優れたカリスマ

喪失と再生を繰り返す

海外に縁がある

コミュ力とホスピタリティの持ち主

スケールが大きく上昇志向が強い大物

あなたが果たす役割

日本と海外の架け橋になる

ハッピーワード
「失うものは何もない」

持ち物
ガイドブック

ラッキーの引き寄せが起こる
前兆のサイン
大切なものをなくした
友人から御守りをもらった
人に会いたくなる

運気が上がる場所
旅行先（国内もOK）

友人にオススメの相手
青い空歩く人

恋愛にオススメの相手
青いワシ

成長させてくれる相手
黄色い戦士

青い手

人に尽くすことで喜びを感じる
優しい心の持ち主

SPIRIT HAND

私の本当の姿

表 自覚している自分の姿

世界に平和と癒やしをもたらすために生まれてきた人

「青い手」を太陽の紋章に持つあなたは、世界に平和と癒やしをもたらすために生まれてきた人。誰よりも優しくて、苦しんでいる人や悩んでいる人を見ると、ほうっておけない愛と優しさを秘めています。人間だけでなく動植物に対しても優しくて、どうしたら自然と調和するナチュラルライフを過ごせるか。いつもそんなことを考えています。オーガニックな食材を選んだり、積極的にエコに励んだり、地球が愛で包まれることこそ、あなたにとって魂の喜びなのです。逆に戦争や飢餓などで世界が不調和な状態を見ると、心が傷つき、悲しくなってしまいます。自分に何か貢献できることはないかといつも探しており、ボランティア精神も旺盛。あなたの愛と優しさをめいっぱい使って、世界に平和と癒やしをもたらしましょう。

裏 本来の自分のあるべき姿

体験から学び、人生のチャンスをつかむ人

「青い手」をウェイブ・スペルに持つあなたは、体験から人生を学ぶ体験学習の人。机に座った学びよりも、体験の中から人生に必要なものを身につけていくタイプです。20の紋章の中でも学びが多く、穏やかな見た目からは想像もつかないような体験を乗り越えてきている人が多くいます。仕事にしても、勉強にしても、恋愛や人間関係、お金など、特にフォーカスを向けているものに関する学びが訪れます。仮にその体験が困難なものだったとしても、乗り越えた先には必ず大きなチャンスがあなたを待っています。光があれば闇もあるのが宇宙の定め。さまざまな体験は生涯の財産だと受け止めて、未来への糧に変えていきましょう。消極的に生きるのではなくて、積極的に生きてたくさんの体験を積んでいってください。

向いている仕事&

—————— 表 自覚している自分の姿 ——————

手先の器用さで
出世のチャンスをつかむ

「青い手」を太陽の紋章に持つあなたの天職。それは「手」という名称がついているだけに手先の器用さを生かせる仕事が最適です。たとえば料理人や整体師、エステティシャン、ネイリスト、楽器の演奏家など。手を使った職種があなたを輝かせてくれます。物事を分析する能力や観察力にも優れているため、マーケティングやリサーチ関係でも能力を発揮することができるでしょう。穏やかな性格をしており、人の心の動きや感情にも寄り添う優しさを持っているあなた。実はカウンセラーやセラピスト、ヒーラーといった職種も向いています。あなたの存在が人々に安らぎを与えることになるでしょう。あなたのかもし出す安心感が周りの人からの信頼を集め、大役を任せられたり、上のポジションに抜擢されたりと、出世のチャンスにも恵まれやすいです。ふだんから周囲に対して献身的に取り組んでいると、高い確率でチャンスをつかむことができます。

向いている職業

料理人、整体師、セラピスト、ヒーラー、エステティシャン、ネイリスト、
音楽家、マーケティング関係

キャリアアップする方法

貢献度の高い仕事をすれば輝ける

「青い手」をウェイブ・スペルに持つあなたの天職は、お客様の喜ぶ顔を見る仕事です。貢献意欲が強いことが大きな特徴。誠心誠意、お客様に尽くしたサービスに対して「ありがとう」を直接言ってもらえることが、魂の最高の喜びとなる人です。人の役に立ちたいという純粋な思いが伝わるので、あなたは信頼を集め、周りから押し上げられて出世していくことができます。逆に貢献できていないと感じてしまうと存在意義を見いだせなくなり、やりがいが得られません。そのためホスピタリティ産業や医療系、ボランティア団体、NPOや慈善事業など、人や社会の役に立つことを目的とした職種に従事すると、あなたは生き生きと働くことができます。気をつけたい点は、給料の高さや会社の知名度、ブランドで仕事を選んでしまうこと。充足感が得られず、後悔することになるかもしれません。何事も体験することが必要ですが、スペックにとらわれないように注意しましょう。

向いている職業

ホスピタリティ関係、医療関係、ボランティア団体・NPO勤務、
カウンセラー、セラピスト

青い手 ◆ SPIRIT HAND

裏

運命の相手と巡り会う

バートナー

―――――― （表）自覚している自分の姿 ――――――

勢いで進まず相手の人間性を観察して

「青い手」を太陽の紋章に持つあなたは、出会いのチャンスに恵まれやすいタイプです。人当たりがやわらかいので好感度が高く、出会いのチャンスも豊富です。恋人と別れてもすぐに出会いに恵まれて新しい恋が始まるなど、出会いに困ったことがあまりないはず。好きな人ができると、自分の気持ちを理解してほしいと自ら積極的にコミュニケーションをとり、連絡もマメにするタイプでしょう。出会いが多いだけに、相手の人間性をよく観察せず勢いでおつきあいしてしまい、痛い経験を積んでいる人も少なくないようです。さまざまな恋愛経験を積んで経験値を高めていくタイプなのですが、恋愛が心の傷やトラウマになってしまうのは残念。幸せな恋愛の足かせになってしまうことがあります。過去の恋はすでに過ぎ去ったこと。勇気を出して次の恋へと進むことが幸せへの第一歩です。相手がどんな人なのかをじっくり観察して愛情を育みましょう。

「青い手」の男性との上手なつきあい方

「青い手」の彼は、誰に対しても優しいタイプ。彼女以外の人にも優しいので、彼女からすると心配になることがあるかもしれません。下心から優しくしているのではなく、彼の本当の優しさであることをわかってあげましょう。

コツ＆最適な結婚相手

㊙本来の自分のあるべき姿

相手に尽くしすぎず少しハラハラさせる

「青い手」をウェイブ・スペルに持つあなたは、好きな人のために献身的に尽くすことが喜びの人です。素朴な人柄の人が多く、セレブな生活よりも好きな人と平穏に暮らしたいと望みます。けんかや言い争いを好まないので、「一緒にいると心が安らぐよ」と言われることに大きな喜びを感じます。結婚してからは、夫や子どものために毎日弁当をつくったり、家事や育児をせっせとこなしたりする、良妻賢母タイプです。もともとお世話好きなあなた。大好きな人の笑顔のために、料理や掃除、洗濯などをして献身的に尽くすのですが、恋愛中はやりすぎに注意が必要です。尽くしすぎると、「やってくれてあたりまえ」になってしまう危険も。尽くした結果、最後は裏切られたという経験をしている人も少なくないようです。そういう意味でも、相手を少しハラハラさせたほうがハートを射止めやすいでしょう。また、感謝の気持ちを言葉に出して伝えてくれる人を選ぶと幸せをつかめます。

「青い手」の男性との上手なつきあい方

心を許した相手に理解してほしい気持ちが強い彼は、うれしかったことから嫌なことまで、彼女に話を聞いてもらいたいタイプ。上司や仕事の愚痴ばかりもらしていても、ウザいと思わずに耳を傾けて相談に乗ってあげましょう。

強運をつかめる習慣・

<hr>

表 自覚している自分の姿

ここぞというときにためらわない！

「青い手」を太陽の紋章に持つあなたが強運になるためには、チャンスの女神の前髪をしっかりつかむことです。あなたは20の紋章一、幸運が舞い込みやすい人。人生の場面場面で、チャンスに恵まれやすいです。「チャンスの女神には、前髪しかない」ということわざがあるように、チャンスだと感じたら即アクションにつなげることや、いま手にしているものに執着せずに手放す勇気を持つことも大切。いつどこでチャンスの女神が現れるかわからないので、ベストな状態でいられるようにふだんからあなた自身をスキルアップしておく必要があります。チャンスをつかんでも、それを生かせなかったら意味がないですからね。感度が鈍っているとチャンスに気づけないので、常にアンテナを張り、ラッキーを引き寄せてください。もしかするとあなたのすぐ目の前にチャンスが来ているかもしれませんよ。

日常の過ごし方

⊗ 裏 本来の自分のあるべき姿 ⊗

人生体験をプラスに生かす

「青い手」をウェイブ・スペルに持つあなたが強運を引き寄せるためには、すべての体験をプラスに生かすことです。あなたは、体験から人生に必要なものを学ぶ運命。だから、体験の中に開運するためのヒントがたくさん隠されています。もちろんうれしい体験や幸せな体験は、あなたの人生を豊かにしてくれます。けれどもハッピーな体験よりも、つらかった体験や困難に思えた体験の中にこそ、成長するために必要な大切なエッセンスが多分に隠されているのです。人生の中でどんな体験をしてきたかを一度、棚卸ししてみるといいでしょう。悲しかったこと、寂しかったこと、乗り越えてうれしかったこと。そのとき何を感じ、どのような感情が自分の中に芽生えたでしょうか。過去を振り返ることは、目をつぶりたくなったり、苦しくなったり、つらいと感じたりすることがあるかもしれません。ですが、しっかりと向き合って次の人生の扉を開いてください。

SPIRIT HAND

青い手
の
キーワード

持っているベーシックな特性

癒やしの力がある優しい心の持ち主
体験することで人の痛みを理解するタイプ
手先が器用なゴッドハンド
献身的な性格
高い分析力でチャンスをつかむ

あなたが果たす役割

傷ついた人を癒やす

ハッピーワード
「チャンスの女神には前髪しかない」

持ち物
ハンドクリーム

**ラッキーの引き寄せが起こる
前兆のサイン**

よく相談される

手からパワーを感じる

お気に入りのネイルが見つかる

運気が上がる場所
リラクゼーションスパ

友人にオススメの相手
黄色い人

恋愛にオススメの相手
白い魔法使い

成長させてくれる相手
赤い地球

黄色い星

輝く星のように美意識が高く
職人気質の完璧主義者

SHINING STAR

私の本当の姿

表 自覚している自分の姿

星のような輝きで世の中を明るく照らす人

「黄色い星」を太陽の紋章に持つあなたは、星のような輝きで世界を明るく照らす人。美しさと品格を兼ね備え、スターのような輝きを放ちます。美に対する意識の高さは20の紋章一。この世界に存在する美へのあくなき探求心が、あなたをふるい立たせるモチベーションとなります。形のない内面的な美というよりも、実際に目に見える美に対するこだわりが強く、その審美眼は本物。あなたが目を向けるすべてのものは、美に関するものであることに気づくはずです。美的センスを磨くためにも、常に美について探求し、美しいものに囲まれて過ごすことが大切です。あなたの高い美意識で、世の中を明るく照らしていきましょう。

裏 本来の自分のあるべき姿

一流を好むホンモノ志向の人

「黄色い星」をウェイブ・スペルに持つあなたは、物事に対する基準が高く、一流を好むホンモノ志向の人。つきあう人、身につけるもの、食事をするお店、働く環境、住まいなど、どれも一流でなければ気がすまないタイプ。セルフイメージも高く、自信家でプライドが高いのが特徴です。とにかく完璧主義で、人に負けるのが大嫌いです。自分に対しても妥協を許さず、徹底した性格の人。それが、プラスに働けばいいのですが、マイナスに働くと、相手に自分の基準を押しつけてしまう傾向があるので気をつけましょう。世の中のすべての人が高い基準で生活しているわけではないので、ときに寛容になることも大事です。根底には、他人よりも優れていたい、認められたいという欲求があるのかもしれません。他人は他人、自分は自分と、人と比較せずに、あなたが望む一流を目指していきましょう。

黄色い星 ◆ SHINING STAR

裏

表 自覚している自分の姿

美と芸術を表現するアーティスト

「黄色い星」の紋章を持つあなたは、美と芸術を表現するアーティストの才能を持っている人。星という名称のとおり、キラキラと輝くスターの資質を備えています。表舞台に立ち、周囲を明るく照らすような職業が最適です。たとえば美容・エステ、化粧品、ファッション、モデルや俳優、インスタグラマーなど、人々に美しさを届ける仕事に携わることで本来の輝きを放つことができます。本来の役割を生きていると、周囲から憧れられる美のカリスマとしてスターになることも可能です。感性を生かせる音楽家や画家、芸術家など、アーティストとしてのたぐいまれな才能も持っています。感性が豊かなため、アートを通して人々に輝きを与えることも得意です。そのため、一般的な事務仕事やパソコン機器などとは相性が低め。そうしたものにふれていると、あなたの輝きが失われて体調をくずしてしまうことも。美と芸術に関連する好きな仕事に携わるようにしましょう。

向いている職業

美容関係、ファッション関係、モデル、俳優、インフルエンサー、
音楽家、芸術家

キャリアアップする方法

プロ意識を発揮できる職業で活躍する

「黄色い星」をウェイブ・スペルに持つあなたには、プロ意識を発揮できる職業が最適です。プロフェッショナルマインドが要求される士業（弁護士や税理士など）や、その道の専門家として才能を発揮することができます。仕事に対するこだわりや基準が高く、一切の妥協をゆるしません。自分に対してとてもストイック。納得いくまでやりとげようとします。ほかの人からは「厳しい人」「こだわりの強い人」と思われがちです。でも人の何倍も仕事に打ち込むことができるので、プロ意識が育ち、スペシャリストとして活躍できるようになります。職場環境に大きく影響されやすいのも大きな特徴。調和のとれた環境にいてこそ、能力が開花します。人間関係がよくない環境、待遇の悪い環境下ではポテンシャルを生かせません。仕事がしやすく、居心地のよい職場選びをすることがカギになります。職場環境に不平不満がある、居心地の悪さを感じている人は、職場を変えることも一つの方法です。

向いている職業

弁護士、税理士、技巧系職人、薬剤師、栄養士、社会福祉士

黄色い星 ✦ SHINING STAR

裏

運命の相手と巡り会う
パートナー

〜〜〜〜〜〜 **表** 自覚している自分の姿 〜〜〜〜〜〜

ルックスではなく内面の美しさを見て

「黄色い星」を太陽の紋章に持つあなたは、美しいものにひかれやすい傾向にあります。条件のそろったハイスペック男子を好きになりがちです。豪華絢爛でキラキラした生活をしている人や、InstagramやYouTubeで話題のスターを好きになりやすい一面もあります。しかし「美しい薔薇にはトゲがある」ということわざがあるように、イケメンだからといってすぐに飛びつくのは危険。万が一スターとおつきあいができたとしても、女性関係がだらしなかったり、実生活とのギャップに幻滅したりと気持ちが一気にさめてしまうこともあるようです。理想と現実は異なることを、初めから知っておきましょう。あなたが結婚をかなえるには、外見や条件に惑わされるのではなく相手の人間性や内面を見る目を養うことです。本当の美しさは内面からあふれ出るもの。心が美しい人を見極めることができれば、幸せな結婚を手に入れることができるでしょう。

「黄色い星」の男性との上手なつきあい方

美的センスに優れた彼は、見た目重視なタイプ。彼に会うときには、いつも以上にオシャレをして出かけて。ただ、どんなに見た目がパーフェクトであっても、中身が伴っていなければ、お眼鏡にかなうのは難しいかもしれません。常日ごろから内面や知性を磨いておくと、特別な存在になることができるでしょう。

コツ＆最適な結婚相手

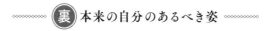

裏 本来の自分のあるべき姿

相手に求めず神経質にならないように

「黄色い星」をウェイブ・スペルに持つあなたは、異性に求める理想が高い傾向にあります。相手に対して自分の恋愛基準をあてはめがち。自分のお眼鏡にかなう相手に巡り会うことは、簡単なことではないようです。つきあい始めのころはいいところを見せ合ってネコをかぶっているもの。徐々に慣れて遠慮がなくなってくると「ああしてほしい」「こうしてほしい」と要求が厳しくなりがちです。また約束の時間に遅れる、ウソをつく、だらしないなどルーズな面を見ると、一緒にいることがつらくなってしまうことがあるようです。相手の一挙手一投足に反応していると、楽しいはずの恋愛も疲れてしまいます。あまり神経質にならず、一歩引いて接するように心がけましょう。あなたが結婚をかなえるには、ありのままの素の自分を出せる相手と一緒になることです。少しくらいわがままを言っても大きな心で受け止めてくれる、懐の大きな人を選ぶと幸せな結婚生活をかなえることができるでしょう。

「黄色い星」の男性との上手なつきあい方

最初のころは優しくても、身近な存在になればなるほど「ああしてほしい」と要求が厳しくなりやすい傾向があります。そんな気配を感じたら、一定の距離感をとりながら交際しましょう。特に結婚を考えているのなら、同棲して彼の態度が変わらないかチェックすると◎。

強運をつかめる習慣・

〜〜〜〜〜 (表) 自覚している自分の姿 〜〜〜〜〜

オンとオフのスイッチを
うまく切りかえる

「黄色い星」を太陽の紋章に持つあなたが強運を引き寄せるためには、バランスを大切にすること。宇宙には、二つの側面である陰と陽があるように、何事に対しても、バランスが大切です。平日、仕事をがんばったあとは、ゆっくり休息して、睡眠をたっぷりとる。休日はプライベートの時間を大切にして、仕事のことは考えない。音楽を聴いたり、映画を観たり、芸術にふれたり、自然とふれ合ったり、彼との時間を大切にしたりするなど、オンとオフのスイッチをうまく切りかえることが、あなたのエネルギーを高めてくれます。特にストレスがたまると暴飲暴食をしてしまったり、何かに依存しやすくなったりしやすいです。「私、それにあてはまってるかも」と感じたならば、それはエネルギーが減少しているサイン。ストレスがたまるとたちまち運勢が落ちるので、そうなる前にあなただけのリラックスできる習慣を身につけましょう。

日常の過ごし方

―――――― 裏 本来の自分のあるべき姿 ――――――

身の回りの環境を整える

「黄色い星」をウェイブ・スペルに持つあなたが強運をつかむ
ためには、身の回りの環境を整えること。部屋の掃除をしたり、
空気を入れかえたり、人間関係だったり、職場環境だったり、
あなたに影響を及ぼすものすべてです。あなたの人格や品性、
運命をつくるのは、あなたの周りにあるものです。もちろんあ
なたの内側を整えることも忘れてはいけません。現実は、あな
たの内側が創造する世界。だからこそ、外的な世界以上に内
側を整えることで、ますます強運になることができるのです。
そのためには、ふだんから、質のいい食事をとったり、空気が
きれいな場所に足を運んだり、瞑想をしたり、よい人間関係を
築いたりすることがとても大切です。あなたの周りにあるもの
は、あなたの心の投影だと思いましょう。常にいい状態でいら
れるように身の回りの環境を整えてください。

SHINING STAR

黄色い星
の
キーワード

持っているベーシックな特性

美意識が高く美しいものが好き

センスがよくてオシャレ

芸術性に優れた人

こだわりが強いプロフェッショナル

職人気質の完璧主義者

あなたが果たす役割

まばゆい輝きで世界に光を与える

ハッピーワード
「リラックス リラックス」

持ち物
サプリメント

ラッキーの引き寄せが起こる
前兆のサイン

肌ツヤがよくなる

オシャレして出かけたくなる

部屋の掃除をしたくなる

運気が上がる場所
化粧品売り場

友人にオススメの相手

青い猿

恋愛にオススメの相手

赤い空歩く人

成長させてくれる相手

白い鏡

赤い月

ミッションをまっとうしようとする
強い信念と華やかなオーラの持ち主

VERMILLION MOON

私の本当の姿

表 自覚している自分の姿

時代を創造するために生まれてきたイノベーター

「赤い月」を太陽の紋章に持つあなたは、時代を創造するために生まれてきたイノベーター。時代の変革期に活躍し、世にまだないトレンドを創造する役割を持つ人です。世界が発展するために必要なものを生み出す改革者的要素が発揮されると、カリスマ性とリーダーシップまでも手にして活躍します。たとえば科学やテクノロジー、再生可能エネルギーや再生医療、エンターテインメント産業など、あなたがピンときた分野が進むべき道です。左脳で考えるよりも右脳を働かせ、インスピレーションに従ってアクションを起こしましょう。直感に従っていけば、必ず道は開かれます。一度決めたことは、ミッションを果たすまで絶対にあきらめないこと。あなたのやる気と情熱があれば、必ず“ツキ”は味方してくれます。新月の日はミッションを果たしているあなたの姿を鮮明にイメージして。満月の日は、幸運を引き寄せてくれた“ツキ”に感謝しましょう。あとは、絶対にデキると信じることです。

裏 本来の自分のあるべき姿

役割と使命感に生きる人

「赤い月」をウェイブ・スペルに持つあなたは、役割と使命感に生きる人。自分にしか果たせない“ミッション”があなたをモチベートする原動力となります。ただし、ミッションや生きる道を見つけるまでに、時間がかかるのがあなたの宿命。「果たすべきテーマとは何か？」を常に自分に問いかけながら過ごしましょう。ふとした瞬間、あなたにおりてくるメッセージは、あなたが今世で果たすべきテーマです。育った環境、いままで携わってきた仕事、あなたを支えてくれるソウルメイトなど。これまで生きてきた人生の中にも、答えやヒントが隠されていることが多いです。あなたはそれらから何を学び、何を与えて、いまという人生を生きているのか、人生の棚卸しをするのもいいでしょう。道に迷ったときは月を見ながら瞑想をして、内なる声に耳を傾けてみて。月に願えば、あなたがやるべきことを引き寄せてくれるでしょう。“ツキ”は、いつもあなたの味方です。

赤い月 ◆ VERMILLION MOON

向いている仕事＆

―――― 表 自覚している自分の姿 ――――

社会に革新を起こすことが役目

「赤い月」を太陽の紋章に持つあなたの天職は、まだ世の中に
ないものを創造して社会にイノベーションを起こす仕事です。
時代の潮流を読み解く能力が優れているため、十数年先の未
来をいち早く予測。トレンドセッターとして、ビジネスで成功を
つかんでいきます。たとえばいま注目を集めているAIやテクノ
ロジー、宇宙事業の分野で、社会や人類をさらに進化させる
イノベーターとして大活躍することができます。アイディアな
ど、形のないものを具現化していく能力もピカイチ。クリエイ
ティブ産業にも向いているといえるでしょう。一方で事務作業
などの単調な仕事は不向き。あなたらしさを発揮することがで
きないため、あまりおすすめできません。あなたがキャリアアッ
プするために必要なのは、いままで誰もやったことのない事業
を創造し、イノベーションを起こしていくこと。古い慣習や枠
にとらわれず、新たなビジネスを創造していきましょう。

向いている職業

テクノロジー関係、クリエイター、発明家、ファッション業界、
インテリアコーディネーター

キャリアアップする方法

～～～～ ㊥ **本来の自分のあるべき姿** ～～～～

オンリーワンの"使事"を見つけ出す

「赤い月」をウェイブ・スペルに持つあなたの天職は、自分にしかできないオンリーワンの"使事"です。使事とは、生まれ持った使命を果たす仕事のこと。あなたは、不可能だと思われていることもやりとげられる粘り強さと責任感を持っています。役割が大きければ大きいほど、能力を発揮。与えられた"使事"を徹底して遂行しようとします。あなたがキャリアアップしていくために必要なのはオンリーワン、つまり自分にしかできない"使事"を見つけること。人生でなしとげたいミッションと仕事はイコールになっているはずです。もしまだミッションに出合えていないとしたら、これまでの人生を振り返ってみてください。子どものころの記憶を思い返したり、過去の体験の中で起きた出来事を棚卸ししてみるのもいいでしょう。あなたが果たすべき"使事"は、楽しかった出来事ではなく、つらく苦悩した体験の中に秘められていることが多いようです。あなたにしかなしえないことをぜひ見つけてみてください。

向いている職業

社会活動家、コンサルタント、デザイナー、ヒーラー、ショップ店員

運命の相手と巡り会う

パートナー

〜〜〜〜〜 表 自覚している自分の姿 〜〜〜〜〜

素の自分を出せる人が運命の相手

「赤い月」を太陽の紋章に持つあなたは容姿端麗でモテ要素が多いタイプ。流行に敏感でオシャレ、異性をひきつける妖艶さやセクシーさも大きな魅力です。ですから高嶺の花に見えがちなのですが、実は見た目と内面のギャップが大きい人。寂しい思いをしているのにお誘いがかからず、ひとりぼっちの夜を過ごしていることもあるでしょう。そんなあなたが結婚をかなえるためには、見た目を好んで近寄ってくる人ではなく、あなた本来の人間性を好きになってくれる人を選ぶことが大切です。ふだんはクールな印象。でもときおり素の自分を出したり、実は料理や家事が得意だったりするあなたの人柄を見て、そのギャップにひかれる男性も多いようです。あなたはそのままで十分魅力的。好きな人の前ではカラを破り、ありのままをさらけ出していきましょう。変に気どったり、背伸びしたりしないで。極端なことをいえば、ノーメイクでいても気にせず過ごせる相手があなたの運命のパートナーです。

「赤い月」の男性との上手なつきあい方

流行に敏感でセンス抜群な彼は、オシャレなスポットが大好き。予約のとれないレストランや話題のデートスポットなど、あなたが率先してリードしてみて。あなたのセンスのよさに、彼からも一目おかれることまちがいなし。

コツ＆最適な結婚相手

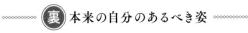

恋にのめり込む前に一度冷静になって

「赤い月」をウェイブ・スペルに持つあなたは、好きになると周囲が見えなくなります。恋は盲目タイプだといえるでしょう。恋愛体質で、一つの恋が始まるとどんどん好きになり、恋にのめり込んでいきます。一途でピュアであるがゆえに、最初は相手から押されて始まった恋も、時間とともにあなたの想いが相手より強くなっていることも多いはず。それが健全な恋ならよいのですが、周囲から望まれない恋をしてしまうと深みにハマってしまうことも。不倫などには特に気をつけましょう。あなたは自分の気持ちに正直で、頑固なまでに意志を貫こうとするタイプ。周りの忠告に聞く耳を持たなくなる傾向があります。幸せな結婚をかなえるには、初めから妻子のいる人とは恋愛しないと決めることが重要。浮気性や金遣いの荒い、ダメンズと呼ばれるような相手にも興味を示さないようにしましょう。恋にのめり込みすぎないことが、幸せをかなえる秘訣です。

「赤い月」の男性との上手なつきあい方

本気のスイッチがオンになるまでに時間がかかるタイプ。すぐに恋の結論を求めようとせず、愛が本物であることに確信が持てるまでじっくり時間をかけることが大切です。自信を失わずに、愛が本物になるまで貫きましょう。

赤い月 ◆ VERMILLION MOON

強運をつかめる習慣・

〜〜〜〜〜〜 **表** 自覚している自分の姿 〜〜〜〜〜〜

月のサイクルを利用して、うまくいく習慣を取り入れる

「赤い月」を太陽の紋章に持つあなたが強運を引き寄せるためには、古い習慣を手放し、新しい習慣を積極的に取り入れることがポイント。「月」という名前がついているだけあって、月の影響を強く受けやすいタイプです。月のサイクルを取り入れることによって、流れに乗ることができます。新月の日には願い事をして新しいことを始めたり、満月の日には、がんばってきたことがどれだけ成果が出たかを振り返ったりしましょう。もし思ったとおりの成果が出なかったとしても、自分を責めたりしないで。軌道修正して、うまくいかない習慣を手放して、また新しい習慣を試していけばいいのです。強運な人は、必ずうまくいく習慣を身につけています。改善とフィードバックを繰り返しながら、あなたが過ごしやすい習慣を取り入れていきましょう。

日常の過ごし方

〜〜〜〜〜 **裏** 本来の自分のあるべき姿 〜〜〜〜〜

うるおいのある生活を
心がける

「赤い月」をウェイブ・スペルに持つあなたが強運になるためには、うるおいのある生活を送ることが大切。刺激のない毎日を送っていると、運気がどんどん低下してしまいます。もしも人生にうるおいがないと感じたならば、いつもと違う新しさを取り入れてみるのがオススメです。たとえば部屋の模様がえをしたり、ファッションや化粧品などを新しいものに変えたり、彼と過ごすときもいつもと違うデートをしたり。積極的に新しさを取り入れることで、マンネリから脱却することができます。常に新しい自分でいたいと望むあなたなので、変化を実感できると毎日が楽しくなります。また、なんとなく気分が憂鬱で心身のダルさを感じたならば、マイナスエネルギーがたまっている証拠。滞りがあると運気が流れないので、デトックスウォーターをたくさん飲むなどして毒素を排出させましょう。

123

VERMILLION MOON

赤い月
の
キーワード

持っているベーシックな特性

色気のある華やかな人

新しい流れをつくる改革者

インフルエンサー

トレンドセッター

一度決めたら聞かない頑固者

あなたが果たす役割

世の中にまだないものを創造し変革を起こす

ハッピーワード
「私がトレンドを発信する」

持ち物
SNS（Instagram）

ラッキーの引き寄せが起こる
前兆のサイン
流行を先取りするのが楽しい

SNSのフォロワーが増えた

仕事の依頼がよく来る

運気が上がる場所
オープンしたばかりの店

友人にオススメの相手
白い犬

恋愛にオススメの相手
黄色い人

成長させてくれる相手
青い嵐

125

白い犬

人なつっこく情に厚い
愛にあふれる人気者

WHITE DOG

私の本当の姿

表 自覚している自分の姿

人徳を持って生まれた人気者

「白い犬」を太陽の紋章に持つあなたは、人なつっこさがあり、人から好かれる人気者です。どこに行ってもかわいがられ、まさに「人徳」を持って生まれてきた人です。ご先祖様が積んできた徳を一身に授かり、その徳をもって、人や社会に貢献し、さらに家系の発展に尽力する役割があります。お墓参りや先祖供養をしっかり行えば行うほど、ご先祖様がサポートしてくれて、運勢を高めることができます。逆にその存在を忘れて感謝がなくなるとたちまち運勢が下がるので、お勤めを忘れないようにしましょう。キーワードは「人」なので、とにかく出会った人たちとのつながりを大事にし、信頼関係を育んでください。助けを求める人がいれば、真っ先に駆けつけて、困っている人や社会のために貢献しましょう。インターネットが普及し、人とのつながりが希薄になりやすい現代だからこそ、人情を大切にしてください。

裏 本来の自分のあるべき姿

家族愛を学ぶために生まれてきた人

「白い犬」をウェイブ・スペルに持つあなたは、家族愛をテーマに生まれてきた人。仕事より、何よりも家族が一番の人です。あなたが幸せな人生を手に入れるためには、身近な家族や友人、恋人など、今世で出会うソウルメイトへの感謝を忘れないこと。なかでも家族は、同じテーマを乗り越えるために約束をして生まれきた最も身近なソウルメイトです。人生の中で体験する喜び、苦しみ、別れをともに分かち合い、乗り越えていくことで、魂の絆がどんどん深まっていきます。もしも家族との関係がイマイチなのであれば、いますぐ関係を改善させましょう。家族との関係がこじれたり、つながりが希薄になったりするとたちまち運勢は下降してしまうからです。家族との時間を最優先にして、たくさんの思い出をつくってください。

向いている仕事&

自覚している自分の姿

愛されキャラで顧客のハートをつかむ

「白い犬」を太陽の紋章に持つあなたの天職は、愛されるキャラクターを生かせる仕事です。愛嬌があり好感度が高く、世代に関係なくどんな人とも信頼関係を構築することができます。人気運は、20の紋章の中で一番。数ある職種の中でも、人気商売で成功をつかむことができます。たとえば営業や接客、サービス業、アイドル、マルチタレント、インフルエンサー、YouTuber、夜の仕事など。人気運の高さは、商売の面でもフルに発揮することができそうです。重要なポイントは、誰を上司に持つかということ。優秀なリーダーが上司に就けば、あなたの仕事に対する姿勢や人柄を正当に評価してくれます。出世も早いです。出世やキャリアアップは、自分ひとりの力ではなしとげられません。日ごろから人を大切にし、よい行いをすると目上の人からの引き立てに恵まれます。周囲への感謝の気持ちを忘れず、実直に仕事に取り組んでいきましょう。

向いている職業

営業、接客業、芸能人、インフルエンサー、
アドバイザリー業務、一般事務

キャリアアップする方法

------- 裏 本来の自分のあるべき姿 -------

人や社会の役に立つ仕事が天職！

「白い犬」をウェイブ・スペルに持つあなたは、人や社会の役に立つことに喜びを感じるタイプです。人の喜ぶ顔を見たり、誰かをサポートする役割に回ったりすることで、あなたの貢献意欲は満たされていきます。たとえばサービス業やホスピタリティ産業、看護師、医療従事者などのエッセンシャルワーカー、秘書やマネージャーなど事務的な仕事も向いています。忠実な性格をしているので、会社に勤めるのは得意。自分が指示を出すリーダー的立場というよりも、上長をサポートする参謀役や秘書として高い能力を発揮することができます。頭もよいため、周囲から絶大な信頼を集めて重宝される存在になるでしょう。お金を稼ぐことも大事ですが、それ以上に「ありがとう」という感謝の言葉をもらえると、大変な仕事もがんばって乗り越えることができます。「この人のためにがんばろう」という気持ちになれる仕事が天職です。

向いている職業

サービス業、ホスピタリティ関係、看護師、医療関連、秘書、
マネージャー、トリマー、ドッグトレーナー

運命の相手と巡り会う

<ruby>運命の相手<rt>パートナー</rt></ruby>

―――― 表 自覚している自分の姿 ――――

えり好みせず運命を感じたら
早めに結婚を

「白い犬」を太陽の紋章に持つあなたは、愛らしい雰囲気をしていてみんなの人気者。異性からモテる人が多く、出会いには困らないくらい人とのご縁に恵まれやすいです。人運のよさは20の紋章の中で一番。信頼関係を大切にするあなたなので、人とのつながりから良縁を手にして、幸せな恋愛や結婚をかなえやすい傾向にあります。さらに家族運が抜群によいことから、高い確率で幸せな家庭をつくることができそうです。子宝にも恵まれるでしょう。愛する家族の幸せが、自分自身の幸せ。家族第一主義になりやすいです。そのため独身でいるよりも、早くに家庭を持つほうが、幸福度が増します。幸せをつかむためには、えり好みをせず「この人についていきたい」と思える人と早めに結婚を決めることをおすすめします。賢いあなたなので、結婚・出産を経験したあとも仕事と家庭をうまく両立させることができるはずです。

「白い犬」の男性との上手なつきあい方

受け身なので、男らしくリードしていくタイプではありません。あなたの後ろにくっついて、引っぱってもらいたいタイプ。男らしい人が好きな人にはもの足りないかもしれません。あなたが彼をリードして守ってあげるくらいがちょうどいいです。

コツ&最適な結婚相手

家族愛が強い人を選ぶことが
幸運のカギ

「白い犬」をウェイブ・スペルに持つあなたは、家族愛の人。家庭円満が人生の幸福につながります。恋愛では相手に多くを望まず、二人で手をつなぎのんびり公園でデートをしたり、笑顔で一緒にいたりするだけでいい。そう思えるようなタイプです。結婚生活は、ありふれた日常にたくさんの幸せがあるということをあなたは知っています。食卓を囲みながらまったりと過ごしたり、週末は家族でバーベキューやキャンプをしたり、旅行に出かけたりすることに幸せを感じるでしょう。あなたが幸せな結婚をかなえるには、家庭を大事にするパートナーを選ぶことです。ですから交際中から相手が家族を大事にする人かどうかをしっかり見極めておきましょう。恋人を実家に招いたり、相手の実家を訪れたりするなど、家族ぐるみのおつきあいをしていくと結婚がより身近になっていきます。もしも家族を大切にしない人だと判明したら、結婚を考え直すことも視野に入れて。どちらにしても、未来の家庭像をしっかり話し合っておくことをおすすめします。

「白い犬」の男性との上手なつきあい方

家族第一の彼にとって、愛する彼女は、家族同然の存在。なので、自宅に招かれたり、両親に紹介されたりするとゴールインの可能性が高いです。遠慮せずに、家族みんなで一緒に食事に行く計画を立てるなど、家族ぐるみのおつきあいをすると、絆を深めることができるでしょう。

白い犬 ✦ WHITE DOG

強運をつかめる習慣・

―――― 表 自覚している自分の姿 ――――

礼儀礼節を大切にする

「白い犬」を太陽の紋章に持つあなたが強運を引き寄せるためには、礼儀礼節を大切にすること。誠実で義理人情を大切にするあなたは、礼儀礼節を重んじられる人です。お世話になっているかたに敬意をもって接し、謙虚に節度をもって生きる。現代人が忘れてしまった古きよき日本の生き方やあり方を大切にすることで、運を味方につけることができます。インターネットが普及する現代だからこそ、直筆で心を込めて手紙を書く、目に見える形で贈り物として気持ちを届けるなど、小さな積み重ねが徳となってあなたに返ってきます。よい人には必ずよい人がつながり、強運もまたよい人とのつながりの中から育まれていくもの。礼儀礼節を大切にして、良縁と強運をつかんでください。

日常の過ごし方

家族（ルーツ）を大切にする

「白い犬」をウェイブ・スペルに持つあなたが強運を引き寄せるためには、ルーツを大切にする習慣を持つこと。ルーツとは、あなたをこの世に送り出してくれた親やご先祖様をさします。あなたは、家族関係に運命を左右されやすいタイプ。家族との関係のよさ＝あなたの運です。ですから、家族とのかかわりは切っても切れず、仕事や恋愛や人間関係などすべてに影響を及ぼします。ルーツを大切にするためには、何世代もつながる愛魂の源ともいえる命のバトンを感じてみること。家にお仏壇がある人は、必ず手を合わせてから一日を始めてください。実家に帰ったときは、お墓参りを忘れないように。子どものときにあたりまえにできていたことを、大人になったいまだからこそ原点に返り、毎日の習慣にしてみましょう。

白い犬 ✦ WHITE DOG

白い犬
の
キーワード

持っているベーシックな特性

人なつっこく情に厚い愛されキャラ
お世話好きで家族思い
忠誠心が強く我慢強い
仕える人からの信頼が厚い
正直で誠実な人

あなたが果たす役割

ソウルメイトたちと信頼の絆を育む

ハッピーワード

「私には信頼できる仲間がいる」

持ち物

犬のぬいぐるみ

**ラッキーの引き寄せが起こる
前兆のサイン**

旧友から連絡が来た

白い犬を見つけた

お誘いをよく受ける

運気が上がる場所

家庭

友人にオススメの相手

赤い月

恋愛にオススメの相手

青い猿

成長させてくれる相手

黄色い太陽

青い猿

アイディアとひらめきに満ちた
天才肌タイプ

BLUE MONKEY

私の本当の姿

表 自覚している自分の姿

世界中の人たちを笑顔にする人

「青い猿」を太陽の紋章に持つあなたは、人を喜ばせることに幸せを感じる人。楽しむことをモットーとし、魂がワクワクする人生を生きるユニークな人です。人が想像もつかないような発想力と感性の豊かさを持ち、周囲が驚くようなサプライズが大好き。そのすべての原動力は、"世界中の人たちを笑顔にしたい"というあふれんばかりの思い。どんな感情よりも、喜びが世界を笑顔にできることを知っているのです。たとえ、つらいことや困難があったとしても、持ち前の明るさと笑いのエネルギーで、運勢をプラスに変えるパワーの持ち主。あなたの周囲は、いつも笑顔が絶えず、喜びのエネルギーであふれているはず。天真爛漫な明るさで、世界中の人たちに笑顔と元気を与えていきましょう。

裏 本来の自分のあるべき姿

マルチな才能を持つ天才肌

「青い猿」をウェイブ・スペルに持つあなたは、マルチな才能を持つ天才肌。優れた人が多く、多方面で活躍します。幼少のころから神童とも呼ばれ、非凡な才能を発揮します。勉強だけでなく芸術分野にも秀でており、さまざまなことを器用にこなす天才肌です。思想や哲学、宗教、スピリチュアルな世界にも関心が高く、精神世界とは、切っても切れない深いつながりがあります。神社やお寺の家系に生まれてくる人や過去生において心の世界を探求してきた人が生まれてくることも多いです。「生きるとは何か?」という永遠のテーマを若いうちから見いだし、何かでそれを表現しようとします。あなたが役割を生きるためには、物質的なものを追い求めるよりも、スピリチュアリティを育む生き方をすること。そうすれば果たすべき役割に目覚めるでしょう。

向いている仕事&

世の中にスマイルを届けることが役目

「青い猿」を太陽の紋章に持つあなたの天職は、人々に笑顔と幸せをもたらす職業です。世の中を笑顔にするために生まれてきたあなた。とびきりのエンターテイナーとしての高い才能を持っている人です。たとえばお笑い芸をしたり、ダンスや歌、パフォーマンスで人を笑顔にしたり、手品で観客を楽しませたり。人々の笑顔を見ることが、自らの幸福につながっていきます。サービス精神が旺盛で、ホスピタリティマインドにあふれています。独自の感性と創造力を持っているため、独自性を生かしたクリエイティブな職業でも才能を発揮することができます。個性を抑制してしまう事務的な仕事やルーティンワークでは才能は輝きません。変化やユニークさがないため、飽きてフラストレーションをかかえてしまうかも。これからは、個性が輝く時代です。人目を気にせず、自分がやりたいことをやる。そんな気持ちを大切にして、キャリアを選択していきましょう。

向いている職業

パフォーマー、芸能人、クリエイティブ関係、エンターテインメント業界、
お笑い芸人、イベンター、芸術家

キャリアアップする方法

〰〰〰〰〰〰 （裏）**本来の自分のあるべき姿** 〰〰〰〰〰〰

"好き"を仕事にすれば、それが天職に

「青い猿」をウェイブ・スペルに持つあなたの天職は、好きなことをする仕事。仕事を選ぶ基準は、ワクワクするかどうか。楽しくなければ長続きしません。好きなことを仕事にすれば、人生の幸福度が高まる人です。ですから会社のブランドや年収に惑わされると失敗してしまいます。会社を好きになれず、会社勤めが合わないと感じたら、フリーランスで働くのにも適しています。趣味を仕事にして成功する人も多いです。たとえばフラワーアレンジメントを趣味で続けていたら教えてほしいと頼まれ、口コミで生徒さんが増えて教室を開けるようになったり、ネイル好きが高じて自宅サロンを開業したり。可能性は無限に広がっています。人生100年時代は、パラレルキャリアが大切になっていきます。あなたが夢中になれる、好きなことを仕事にできれば、それがライフワークになるはず。そうすれば自然とキャリアアップにつながっていくでしょう。

向いている職業

個人事業主、学者、演出家、自由業、宗教家、占い師

運命の相手と巡り会う

（パートナー）

（表）自覚している自分の姿

価値観が同じで尊重してくれる人が最適

「青い猿」を太陽の紋章に持つあなたは、恋愛に楽しさを求める人。ですから恋愛でも共通の趣味があったり、笑いのツボが同じだったりと、人生を共に謳歌できる人にひかれていきます。ひとりでも十分に楽しむ術を知っているあなた。実はシングルでも平気なタイプです。好きなときに旅行に行ったり、好きなものを食べたり、推し活に励んだりすることに喜びを見いだすため、自由を奪われることを極端に嫌います。あなたが結婚をかなえるためには、お互いの趣味や好きなことを尊重し合える相手を見つけましょう。どんなに高学歴でお金持ちの理想的な相手だったとしても、楽しみを共有できなければ結婚相手には適していません。なぜなら人生に退屈してしまうからです。オンはしっかり働いて、休みの日には思いきり遊ぶという価値観を持っており、心の底から笑い合えるような人をパートナーに選ぶことができれば、幸せな毎日があなたを待っています。

「青い猿」の男性との上手なつきあい方

見た目や年齢などはあまり気にしないタイプ。好きかどうかの判断基準は、一緒にいて楽しいと思えるかどうか。たとえば、映画を観て同じシーンで感動したり、笑いのツボが同じだったり、何もしなくても二人で手をつないで笑い合っていられたり、そんな恋を求めています。

コツ＆最適な結婚相手

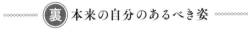

裏 本来の自分のあるべき姿

人生観を共有できる相手を選んで

「青い猿」をウェイブ・スペルに持つあなたは、自立し合ったパートナーシップを求める人です。精神的に大人である人が多く、依存し合う恋愛ではなくほどよい距離感を持っておつきあいしたいと望みます。ただし二人で一緒にいるときは好きな映画や食事を共有し、エンジョイすることに幸せを感じます。結婚相手に適しているかどうかは、一緒にいて安心できる人なのか否かで判断して。お互いの人生観や価値観をきちんと理解し、話し合える相手なのかどうかを判断材料にするとよいでしょう。学歴や年収などで相手を選ぶと、いちばん肝心な精神的なつながりを見失ってしまうことに。目に見える条件に固執しないようにしましょう。スピリチュアルなことも好きなあなたなので、パワースポットめぐりをすることで恋愛運を高めることができます。縁結びの神様に参拝し、良縁を祈願するのもおすすめです。

「青い猿」の男性との上手なつきあい方

精神性の高い彼は、自立した恋愛を望むタイプ。束縛したり、依存したりするのがあまり好きではありません。お互いの人生を尊重し合い、人間的に成長できる関係性を築きたい人。だから、一緒にいることで成長し合える関係を築いていきましょう。

強運をつかめる習慣・

―――― 表 自覚している自分の姿 ――――

遊びを人生に取り入れる

「青い猿」を太陽の紋章に持つあなたが強運をつかむために
は、遊びを人生に取り入れること。楽しむことで輝くあなたは、
遊びがないと運勢が一気にダウンします。遊びといっても自分
の格を下げる遊びではなく、自分の人生を豊かにする遊びを
選びましょう。つきあう人や遊ぶ場所も大切。レベルの高い人
たちから遊びを教えてもらったり、理想とする人生を生きてい
る人たちと一緒にいたりすること。お店選びやお酒の飲み方か
ら、いい恋愛の引き寄せ方まで、遊びの中から人生に必要なこ
とを学んでいきます。ふだん忙しくしている人は、オンとオフの
スイッチを切りかえて、遊びに時間をかけるようにしましょう。
遊びが7割、仕事が3割でもいいくらい。そのときに得たイン
スピレーションが、あなたをもっと輝かせ、人生を豊かにして
くれるでしょう。

日常の過ごし方

スピリチュアリティを
ライフスタイルに取り入れる

「青い猿」をウェイブ・スペルに持つあなたが強運をつかむためには、スピリチュアリティをライフスタイルに取り入れること。もともと、精神世界に関心の高いあなたは、目に見える物質的なものだけでなく、目に見えない世界にこそ大切なエッセンスがたくさん詰まっていることをわかっている人です。たとえば生きとし生けるものに感謝する気持ちを持つことや、ありがとうの言葉を何度も唱えること。日本中のパワースポットめぐりをしたり、ご利益のある神様にお参りに行ったり、自宅に神棚を飾ったり、風水を学んだり、占いを学んだりするなど、積極的に心の世界を探求することで幸運体質になるための習慣が身につきます。最強運を持つ人は、神仏を味方につけられる人です。神様から愛されるように、スピリチュアリティライフを大切に育んでください。

青い猿 ◆ BLUE MONKEY

BLUE MONKEY

青い猿
の
キーワード

持っているベーシックな特性

ユーモアあふれる発想豊かな人

遊び心に満ちた天才肌

サービス精神旺盛で人を楽しませる

困難も楽しく乗り越える人

自由を愛するエンターテイナー

あなたが果たす役割

エンターテインメントで人を笑顔にする

ハッピーワード

「スマイル スマイル」

持ち物

アプリ

**ラッキーの引き寄せが起こる
前兆のサイン**

よく遊びに誘われる

推しが見つかる

新しい趣味を見つけた

運気が上がる場所

フェス

友人にオススメの相手

黄色い星

恋愛にオススメの相手

白い犬

成長させてくれる相手

赤い竜

黄色い人

自由をこよなく愛し一芸に秀でた
スペシャリスト

ORIGINAL MAN

私の本当の姿

裏 自覚している自分の姿

心のままに、わが道を行く人

「黄色い人」を太陽の紋章に持つあなたは、心のままにわが道を行く人。外的束縛や強制を嫌い、自由なライフスタイルを好む自由人です。自分は自分、人は人と、セパレートして物事を考えられる意志の強さを持つので、人や周囲からの影響を受けにくいタイプ。あまりにもわが道を行くため、周囲からは自由人と思われていることも。その生き方の根底には、自由意志が働いています。自由意志とは、自分勝手に振る舞い、わがままに生きるということではありません。あなたらしく、心のままに生きるということです。あなたがあなたらしく生きるためには、自らの意志で人生を選択することが大切だとわかっているのです。あなたがどうしたいかを一番に考えて人生を選択していきましょう。ただ大人になると、周囲と協調しなければいけないこともあるので、TPOに合わせて自らの人生を選択してください。

裏 本来の自分のあるべき姿

人としての道を探求する人

「黄色い人」をウェイブ・スペルに持つあなたは、人としての道を探求する人。道徳心や倫理観が人一倍強く、曲がったことが大嫌いなタイプです。正しいことを正しいと言える信念を持ち、まるで高僧や哲学者のように「人としてどう生きるべきか?」「どうあるべきか?」、そんなことばかり考えています。逆に、不道徳な言動をすると、運勢が一気に下降するので気をつけましょう。人生の途中、進む道に迷うこともあります。しかし周囲からどう言われようとも、自らの信念に従ってまっすぐ生き抜くことで開運していくのです。あなたは人が道に迷ったとき、正しい道を示してあげるお役目も担っている人。いくつになっても色あせることのない自らの探求心を、世のため人のために発揮したとき、どう生きるべきかという道をきっと見つけられるはずです。

147

向いている仕事&

自覚している自分の姿

得意分野の道を究めて活躍する

「黄色い人」を太陽の紋章に持つあなたは、自分の得意とする分野のエキスパートとして大活躍する人です。自分の得意なことや好きな分野であれば、情熱を持ってとことん究めようとする性格。ですからその道の専門家としてキャリアを形成していくことで、一握りの人しかなれないプロフェッショナルとして名声を得ることも可能です。終身雇用の時代は終わり、いまは自分の技能を売って仕事にできる時代です。会社員でもリスキリング（新しいスキルを身につけること）が求められています。自由を好むあなたなので、会社員は合わないと感じているかもしれません。つらいと感じるならば、働き方を変えてフリーランスとして起業してみるのもよいでしょう。誰にも負けない一芸を習得できれば、一生涯食べていくことができます。小さいころに得意だったこと、夢中になれたことにキャリアのヒントが隠されているかもしれません。できるだけ早い段階で専門性を身につけておくとよいでしょう。

向いている職業

専門性の高い職業、技術職、YouTuber、研究職、職人、料理人、パティシエ、アーティスト

キャリアアップする方法

働くことに意義を感じられる職業が最適！

「黄色い人」をウェイブ・スペルに持つあなたは、モラルを大切にする人。大義名分や理念があり、道徳にかなう職業に興味・関心を持っています。会社のブランドや年収にこだわるよりも、働くことに意義が感じられるかどうかが重要です。会社の理念が明確で、携わる仕事が「社会の役に立っているか」「何のためか」を重視します。またコンプライアンスを遵守していて、社風のよい会社に興味を持つようです。そんなあなたには、人の道を説く仕事や、人々に倫理観を示す職業が向いています。たとえば教師や警察官、弁護士、アドバイザー、神職・僧侶や、資格が必要な専門職など。地道にキャリアを積み上げていくことでオンリーワンになることができそうです。特にあなたの人生観と通底する職業選びができると、人生が充実したものになるはず。あなたの信念と道徳心で、社会を正しい方向へと導いていきましょう。

向いている職業

教師、警察官、弁護士、神職、僧侶、宗教家、専門性の高い職業

黄色い人 ◆ ORIGINAL MAN

裏

運命の相手と巡り会う

~~~~~~~~~ 表 自覚している自分の姿 ~~~~~~~~~

自由奔放なあなたを理解してくれる人が◎

「黄色い人」を太陽の紋章に持つあなたは、恋愛を自由に楽しみたい人です。好きなときに好きな場所で、好きな人と、好きなことを好きなだけすることをモットーにしているあなた。そんな自由奔放な性格についてきてくれる人を選びましょう。会いたいときに予定が合えば会う。予定が合わないならお互い好きなことをして過ごせばいいよね、というタイプ。束縛されるのが大の苦手です。ずっと一緒にいたいタイプの相手とは、長く続かないでしょう。あなたが結婚をかなえるためには、そんなあなたの本質を理解してくれる人をパートナーに選ぶこと。お互いの人生を尊重し合い、自立し合った関係を築くことができれば、自由を謳歌することができます。とはいえ、既読スルーや連絡がとれない日が長く続くと関係性が破綻してしまいます。くれぐれも気をつけてください。もし恋がマンネリ化したら、旅行の計画を立ててみましょう。旅に出ることで二人の恋も再燃するはず。

「黄色い人」の男性との上手なつきあい方

自由を好む彼は、自立し合った恋を望むタイプ。束縛されるのが大嫌いです。LINEをしたのに返事が3日後だったり、週末会う約束をしていたのにドタキャンされたりすることも。一喜一憂していると振り回されるので、「この人、自由人なんだ」と受け入れてしまうと、つきあっていくのが楽になりますよ。

コツ＆最適な結婚相手

こだわりの少ない柔和な相手が好相性

「黄色い人」をウェイブ・スペルに持つあなたは、人生に対する
こだわりが強い人。自分のしたいことが明確にあり、意見を曲
げない頑固さを持っています。ですから相手に合わせることが
得意ではありません。友人とカフェでお茶をしたり、海外旅行
に行ったり、趣味の時間を大切にしたりと、あなたにはやりた
いことがたくさん。もちろん恋人のことも大事なのですが、デ
ートの約束があと回しになってしまうことも多々あります。あ
なたが結婚をかなえるには、人生の中であなたが大切にして
いることや好きなことを理解してくれる、柔和な人を選びまし
ょう。自分と同じタイプの相手を選んでしまうと、お互い譲ら
ずに関係性がギクシャクしてしまいます。あなたを理解し、あ
なたのスタンスに合わせてくれる優しいパートナーであれば、
人生がとても充実したものになるはず。どうしても譲れないも
のがあるのなら、先に伝えておくとよいでしょう。

「黄色い人」の男性との上手なつきあい方

確固たる信念を持って生きている彼は、人から指図されたり、ああだこうだとうるさく言
われたりするのが大嫌い。どんなにあなたがいいと思ってアドバイスをしても、彼にとって
は、能力がないと暗に言われているのと同じこと。彼の信念や生き方を尊重して接しまし
ょう。

黄色い人 ◆ ORIGINAL MAN

強運をつかめる習慣・

―――― （表）自覚している自分の姿 ――――

一人の時間を確保する

「黄色い人」を太陽の紋章に持つあなたが強運をつかむためには、一人の時間を意識的につくること。自由をこよなく愛するあなただから、集団の中にいると自分のペースが乱れ、ストレスをため込んでしまうようです。そんな状態が続くと、心が弱り、体調をくずしてしまうことも。ストレスを感じたあなたにオススメなのが、ひとり旅に出ること。旅は、あなたの心を解放し、自由を与えてくれます。行き先を決めずに、思いついた場所に足を運ぶのもあなたらしいスタイル。スマホやパソコンの電源はオフにして、誰からもしばられない環境で、心をリセットしましょう。自分と向き合える時間がつくれるので、本来のあなたらしさがよみがえってくるはず。旅に出なくとも、映画を観たり、本を読んだりして非日常を味わうことで、あなたの心がリセットされ、元気を取り戻すことができるでしょう。

日常の過ごし方

〰〰〰〰 （裏）本来の自分のあるべき姿 〰〰〰〰

日記をつけることを習慣にする

「黄色い人」をウェイブ・スペルに持つあなたが強運をつかむ
ためには、日記をつけることを習慣にすることがオススメ。
SNSなどが普及し、さまざまな情報が行き交う現代は、本来
の自分自身を見失ってしまいがちです。あるがままに、自分ら
しく生きられているか、望む人生を生きているか。自分自身を
振り返る時間を持ち、マインドをリセットする習慣を欠かさな
いで。もちろんヨガや瞑想、マインドフルネスなどで自分と向
き合うこともいいですが、心の変化を毎日、感じ取るためには
日記が最適。ブレない強さや信念を与えてくれます。ほんの
10分でもいいので、一日でうれしかった出来事や感謝できる
出来事、改善すべき点を書き込んで、自分自身のあり方を正し
てみてください。ブレそうになったときは、日記を見返して、自
分が何をしたいのか、何を求めているのかを見つめ直してみま
しょう。

黄色い人 ◆ ORIGINAL MAN

裏

ORIGINAL MAN

黄色い人
の
キーワード

持っているベーシックな特性

こだわりが強く一芸に秀でる
我が道を切り開くタイプ
強い意志を持っている
高い知性と感受性の持ち主
束縛を嫌う自由人

あなたが果たす役割
人として正しい行いをする

ハッピーワード

「自分らしく、あるがままに生きる」

持ち物

旅の写真

**ラッキーの引き寄せが起こる
前兆のサイン**

行きたい旅行先が見つかる
たまたま休みがとれた
好きなYouTuberに出会った

運気が上がる場所

観光スポット

友人にオススメの相手

青い手

恋愛にオススメの相手

赤い月

成長させてくれる相手

白い風

赤い空歩く人

社交的で人や社会の
役に立とうとする人

RED SKY WALKER

私の本当の姿

表 自覚している自分の姿

心ときめくものがモチベーションとなる人

「赤い空歩く人」を太陽の紋章に持つあなたは、心ときめくものがモチベーションとなる人。感度が高く、行動するたびにインスピレーションがおりてくるタイプ。「これ、いいかも！」とピン！と来たものに対して、猪突猛進で進みます。いつもチャキチャキ元気いっぱいなのですが、その原動力は、自分にできることなら何でもしてあげたいと願う、愛の精神から来ているもの。「誰かのために」というフォー・ユー精神がとても強い人です。博愛主義的で、人種、宗教、国を超えて手をさしのべようとします。天真爛漫な性格をしており、面倒見がよく、誰からも慕われる人気者。あなたが存在するだけで、その場がパッと明るくなり、場の空気をプラスに変えられる不思議な力を持っています。その大きな愛を誰か一人のために使うよりも、多くの人のために使えば、世界を救うことができるかもしれません。心ときめくものに「ピンッ！」ときたら、即アクションにつなげましょう。そして少し足を止めて自分の行動を振り返ってみると人生の質がどんどん高まっていきますよ。

裏 本来の自分のあるべき姿

愛と勇気に燃えるソーシャルワーカー

「赤い空歩く人」をウェイブ・スペルに持つあなたは、世界をハッピーにするために生まれてきたソーシャルワーカー。20の紋章の中で最も博愛の精神にあふれ、世界を愛で包み込もうとする器の大きな人です。幸福を感じる瞬間は、誰かが喜ぶ顔を見たとき。誰かの役に立っていると実感できたときに、存在価値を見いだします。その大きな愛のエネルギーを使って、困っている人や社会の問題の解決に全力を尽くすことがあなたの役割。人や社会がハッピーになるために、自分には何ができるのだろう？と自問自答しながら過ごしてみましょう。最初はボランティアベースでもいいですから、一歩一歩できることから始めて。ただし感受性が豊かなあなたは、人の痛みを自分の痛みとして感じすぎることも。すべてを自分で解決しようとするのではなく、ほかのエキスパートと協力し合いながら役割を果たしていくのも、あなたにとって大きな学びとなります。あなたを必要としている人は、世界に大勢います。がんばってください。

向いている仕事&

―――――― 表 自覚している自分の姿 ――――――

人とかかわり
社会の役に立つ仕事が天職

「赤い空歩く人」を太陽の紋章に持つあなたには、人柄のよさを生かせる仕事が最適です。人当たりもよく、懐の深さを持っている人。年齢や性別に関係なく、どんな人とも分けへだてなく接することができます。人や社会の役に立てることが魂の喜びなので、向いているのは保育士やソーシャルワーカー、カウンセラー、セラピスト、介護士や、リハビリなどに携わる仕事。もし会社員なら営業部や人事部など、常に人とかかわる職場が向いているでしょう。あなたは人の長所を見つけて伸ばすことも得意です。教師やインストラクターとしても、その才能を発揮できるでしょう。PCなど機械に向かってする仕事ではなく、必ず人とかかわる仕事を選んで。あなたの人柄を知った人たちがあなたを引き立て、出世の階段を用意してくれることになるからです。人々に愛の手をさしのべることで得られる「ありがとう」の言葉。それがやりがいにつながり、あなたの心を満たしてくれるでしょう。

向いている職業

保育士、カウンセラー、介護関係、営業、人事、教師、
ソーシャルワーカー、現場監督

キャリアアップする方法

裏 本来の自分のあるべき姿

社会課題を解決する
ソーシャルビジネス

「赤い空歩く人」をウェイブ・スペルに持つあなたの天職は、社会をよりよくするためのソーシャルビジネス。人々が暮らしやすい世の中をつくること、それがお役目です。利他の精神をもって社会全体に貢献できる仕事を選べば大きな成功をつかむことができます。たとえば開発途上国をサポートするフェアトレードビジネスや、エコロジー関係のビジネスなど。「地球のために」「社会のために」という意識があなたの潜在能力を開花させ、モチベーションにも火をつけます。また、そのためのリーダーシップもあなたは持っています。資金はなくても、小さなアイディアから始まる愛のビジネスは多くの人から必要とされ、たくさんの資金が集まることに。やがて大きなビジネスへと発展していくでしょう。「いまの社会課題は何か」「世界に何が必要とされているか」というソーシャルな観点を常に持ってください。あなたが果たすべき役割はとても大きいものになります。

向いている職業

フェアトレード事業、エコロジー関係、社会起業家、営業職、
NPO&NGO関係、社会福祉

運命の相手と巡り会う

表 自覚している自分の姿

家事や育児を協力し合える相手を選んで

「赤い空歩く人」を太陽の紋章に持つあなたは、仕事と恋愛、どちらも大切にしたいタイプです。もともとギバーのあなたは、愛する者の世話をすることが好き。彼のために一生懸命尽くそうとします。恋愛だけでなく仕事も大切で、大好きな仕事が生きがいにつながっています。ですから両方のバランスが上手にとれていると、幸せを実感することができるのです。だからこそプライベートがうまくいかなければ仕事に支障をきたしたり、体調をくずしたりしやすいという面もあります。あなたが幸せな結婚をかなえるには、あなたの仕事を理解し、家事や育児を協力し合える相手をパートナーに選ぶことです。多様化する働き方によって「男性は外で仕事、女性は家で家事」という価値観は失われつつあります。共働きを主とする社会のあり方は、あなたにとって最適な社会環境です。専業主婦だとフラストレーションがたまってしまうかもしれません。交際しているときから将来について話し合っておくとよいでしょう。

「赤い空歩く人」の男性との上手なつきあい方

働き者の彼は、仕事にも恋愛にも一生懸命。毎日多忙にしていても、あなたのことはちゃんと考えてくれているので、彼を応援してあげて。「ふだん会えない分、休日は二人きりになろうね」とお願いしてみましょう。

コツ＆最適な結婚相手

 本来の自分のあるべき姿

感謝の気持ちをあらわす人と相性抜群

「赤い空歩く人」をウェイブ・スペルに持つあなたは、自分を必要としてくれる人を好きになるタイプ。自分の存在意義を感じられる人に好意をいだくという特徴があります。人一倍大きな愛情を持つあなた。相手の役に立っていると感じられたり、相手から必要とされることに幸せを感じます。逆に役に立っていないと思うと「一緒にいる意味がない」「愛されていないかも」とネガティブにとらえてしまいがち。認めてもらえるように、さらに尽くそうとします。幸せな結婚をかなえるには、愛し、愛される関係を築くことです。あなたの愛に対して感謝の気持ちを持って返してくれる相手を探してください。やってくれてあたりまえと、「ありがとう」の言葉もない相手と一緒になるのはおすすめしません。なぜなら、与えすぎてあなたはいずれ枯渇してしまうおそれがあるからです。正しい判断ができなければ、友人に相談してみるのもよいですね。

「赤い空歩く人」の男性との上手なつきあい方

誰かの役に立つことが、自分の喜びと感じるタイプ。頼りにすると喜んでくれます。困っていることや力を貸してほしいことがあるときは、一人で解決しようとせず彼に相談しましょう。頼もしい彼は、喜んで協力してくれるはずです。

赤い空歩く人 ◆ RED SKY WALKER

強運をつかめる習慣・

〰〰〰〰〰〰 (表) 自覚している自分の姿 〰〰〰〰〰〰

一日一善を心がける

「赤い空歩く人」を太陽の紋章に持つあなたが強運をつかむためには、一日一善を心がけましょう。一日に一つ、よい行いを積み重ねる習慣をつけることをオススメします。愛情豊かなあなたは、人の役に立つことで本来持つエネルギーが活性化される人。あなたのおじいちゃんやおばあちゃんから徳を積むことの大切さを教えられたように、無償の愛で行った行為は、めぐりめぐってあなたに幸運となって引き寄せられてきます。何も偉大なことをしようとしなくてもOK！　いま、あなたができることから始めてみましょう。たとえば家の前のゴミ拾いをしたり、被災地への募金を行ったり、ボランティア活動に参加したり。あなたの善意がどれだけの人によい影響を与えるのか自ら体感してみるといいでしょう。あなたが無私で行った行為は、やがて強運となってあなたに返ってくるでしょう。見返りを求めないことがポイントですよ。

日常の過ごし方

〜〜〜〜〜 （裏）**本来の自分のあるべき姿** 〜〜〜〜〜

愛のエネルギー補給を欠かさない

「赤い空歩く人」をウェイブ・スペルに持つあなたが強運をつかむためには、愛のエネルギー補給を欠かさないことです。あなたは、自分以外の誰かを第一にする人だから、自分のことはあと回しにしてしまいがち。自分の幸せのこと、仕事のこと、健康のこと、恋人のこと、大切な家族のことなど。ふだん、どれだけ自分のことに関心を向けていますか。人を幸せにしたいと願うのであれば、まずはあなたが幸せになることです。そのためには、愛のエネルギーを満タンに補給しましょう。おいしいものを食べたり、好きなことをしたり、欲しかった洋服や靴を買ったり、自分へのごほうびプレゼントも吉。大好きな人と一緒に過ごす時間もつくるようにしましょう。ぜいたくしてはダメなどと思わずに、自分が喜ぶことをすることに許可を出してあげてください。まずは、自分のことをしっかりできたあとに、ひとさまのことです。このプロセスを忘れてしまいがちなので、覚えておいてくださいね。

RED SKY WALKER

赤い空歩く人
の
キーワード

持っているベーシックな特性

ボランティア精神旺盛

天真爛漫で愛され女子

社交的でいろいろな場所に顔を出す

人柄に優れ公私ともに充実

感受性豊か

あなたが果たす役割

人々の幸せを願い、愛を尽くす

ハッピーワード

「世のため人のためが、
やがて自分のためになる」

持ち物

マイナンバーカード

**ラッキーの引き寄せが起こる
前兆のサイン**

募金をした

献血をした

贈り物が届いた

運気が上がる場所

コミュニティ

友人にオススメの相手

白い世界の橋渡し

恋愛にオススメの相手

黄色い星

成長させてくれる相手

青い夜

白い魔法使い

まじめで何事にもベストを
尽くすがんばりやさん

MAGICAL WAND

私の本当の姿

∞∞∞∞ 表 自覚している自分の姿 ∞∞∞∞

スピリチュアルな世界を育む魔法使い

「白い魔法使い」を太陽の紋章に持つあなたは、スピリチュアルな能力を持った人。どんな人も魔法にかけてしまう、不思議な魅力を持ったキャラクターです。魔法使いという名前がついているように、スピリチュアルな能力を持って生まれてきている人が多く、神社やお寺の家系に生まれたり、占いや精神世界、宗教的なことに関心が高かったりします。逆に現実世界がどちらかというと苦手で、要領よく社会を生き抜いていくタイプではありません。ストレス耐性があまり強くないので、仕事で大きな成果をあげることや、お金もうけ、出世競争に巻き込まれるのが苦手。つらい思いをするのであれば、出世などせず平穏でいたいと願っています。生きることが苦しいと感じることがあるかもしれませんが、魂の修行だと思って目の前のことにしっかりと向き合いましょう。現実逃避をしてスピリチュアルなことばかり追い求めようとすると、地に足が着かなくなり、だまされてしまうことも。現実世界とスピリチュアルな世界をバランスよく生きることで、人生の扉は開いていきます。

∞∞∞∞ 裏 本来の自分のあるべき姿 ∞∞∞∞

ゆるし、受け入れることがテーマ

「白い魔法使い」をウェイブ・スペルに持つあなたは、ゆるし受け入れることをテーマに生まれてきた人。自分や傷つけた人をゆるせず、そんな自分に罪悪感をいだきがち。あまりに善意を突き詰めると、自らを苦しめ、そこから抜け出せなくなってしまうことがあるかもしれません。ゆるしとは、あなた自身の心と魂を癒やすプロセス。ゆるしは何より、否定的な思いへのこだわりを手放すことで解消されます。自分自身を苦しめる原因は「心」。私たちがつくり出す現実世界は、心の反映です。心の内側にフォーカスし、物事の感じ方やとらえ方を変えてみましょう。過去のゆるしがたい出来事にしがみつくことに価値があるのか、それとも害になるのかを自分自身にあらためて問いかけてみてください。恐れの中で生きるのではなく、愛にもとづいた生き方を実践しようと決意しましょう。そして、その体験を学びに変えて未来へ生かすことで開運しますよ。

向いている仕事＆

◇◇◇◇◇◇◇◇◇ 表 自覚している自分の姿 ◇◇◇◇◇◇◇◇◇

自らの魅力が増すほど成功に近づく

「白い魔法使い」を太陽の紋章に持つあなたには、自らの魅力を武器にできる仕事が向いています。たとえばアパレル・美容販売員や広報、接客業、インフルエンサー、ライバー、広告モデル、また夜の仕事との相性もいい人です。SNSが普及している現代なので、恵まれたルックスとセンスを最大限に生かせます。自らが広告塔になり、大きな利益を生むこともできそうです。一方で、ITや研究開発などの理系的な仕事はあまり向いていません。それらの商品を販売する営業は向いているでしょう。欲を出して不動産投資や株などにうかつに手を出すのは危険。詐欺の被害にあったり、だまされたり、失敗を引き寄せやすいので気をつけてください。金融商品に投資して損をするくらいなら、あなた自身に投資を。魅力に磨きをかけたほうが、何倍も利益を生み出すことができます。自己投資をしてあなた自身の魅力が増せば増すほど、お金や地位や人気運など欲しいものを手にすることができるでしょう。

向いている職業

アパレル・美容関係、インフルエンサー、芸能人、接客業、アーティスト、俳優

キャリアアップする方法

 本来の自分のあるべき姿

社会に必要とされる職業が最適！

「白い魔法使い」をウェイブ・スペルに持つあなたの天職は、人のためになる仕事です。困っている人を助けたり、サポートをしたりと、誰かの役に立ち、感謝されることが生きがい。たとえば医師やカウンセラー、看護師、介護士、消防士、エッセンシャルワーカーなど。社会から必要とされて、困っている人の力になるような職業を選ぶと充実感を得ることができます。また、クライアントに仕える仕事も向いているでしょう。あなたがキャリアを形成する際は、お金や地位や名誉など私利私欲を目的にしてはいけません。それをすると仕事運が急激に下がってしまいます。「人や社会に役に立つことは何か」という視点でキャリアを選びましょう。人の役に立つことをしていれば、あなたのホスピタリティマインドが高く評価されておのずと出世していきます。ただしボランティアとはまた別なので、働いた分の対価は感謝してしっかりと受けとってくださいね。

向いている職業

医療関係、介護関係、消防士、クライアントをかかえる職業、
ヒーラー、カウンセラー

運命の相手と巡り会う

―――――― 表 自覚している自分の姿 ――――――

モテるからこそ異性を見る目を養って

「白い魔法使い」を太陽の紋章に持つあなたは、20の紋章でいちばんモテる恋の勝ち組。名称に魔法使いとあるように、自分の魅力で恋の魔法をかけ、好きにさせる能力があります。「好き」という気持ちをテレパシーで送っていると、相手もいつのまにか好意を持ってくれていた…ということもよくあるはず。ですから、好きになった人を振り向かせることも難しいことではありません。モテるのはよいのですが、誰が運命のパートナーなのかを見極める際に困ってしまうことがあるようです。また、興味のない相手に執拗に迫られたり、ストーカー被害にあったりと、よいことばかりではないようですね。あなたが幸せな結婚をかなえるには、異性を見る目を養うことが必要でしょう。ピュアなあなたなので信じ込みやすく、恋愛やお金にだらしがない男性に当たってしまうと痛い目を見ることも。あなたの容姿だけでなく、性格や人間性を含めてどこに好意を持ってくれているのかをしっかり観察してください。

「白い魔法使い」の男性との上手なつきあい方

魅力的で異性にモテる彼は、恋のライバルが多いです。相手との境界線があいまいで、優柔不断なタイプ。どこまでゆるせて何が嫌なのか、あなたのスタンスを日ごろからしっかり彼に示しておきましょう。ライバルが入るスキを見せないよう、彼を夢中にさせる努力を欠かさないでください。

コツ＆最適な結婚相手

~~~~~~~~~~~ **裏** 本来の自分のあるべき姿 ~~~~~~~~~~~

押されても、押し返す勇気を持つこと

「白い魔法使い」をウェイブ・スペルに持つあなたは、受け身タイプ。
リードしてくれる相手に好意を持ちます。押しに弱く、強く言い寄
る相手を断るのが苦手です。ですから本心とは裏腹にOKを出して
しまいつきあい始めたという経験も少なくありません。自分を認め
てくれて、愛してくれる人に心ひかれやすいあなた。押されれば押
されるほど、徐々に気持ちをゆるして恋にのめり込んでいきます。
あなたが幸せな結婚をかなえるには、自分の意見をしっかりと口に
出す勇気を持つことです。自分の意見を主張することでけんかにな
ったり、相手を怒らせたりすることが嫌だという思いがあるはず。た
とえ思うことがあっても、表に出さずに相手の意見を受け入れて、
我慢しようとしてしまいます。しかしあいまいな態度をとり続けた
結果、よくないことが判明したり、自分が深く傷ついてしまったりす
ることも。大事に至る前に早めに解決するようにしましょう。自分に
自信を持つことが大切です。

「白い魔法使い」の男性との上手なつきあい方

基本、受け身のタイプなので、彼から恋のアクションを起こすことはまれです。彼からの
アプローチを待っていては、いつになっても恋が進展しないので、あなたから積極的に
アプローチしてみましょう。誠実な人が好きなので、まっすぐな思いを届ければ振り向いて
くれる可能性が高いです。

強運をつかめる習慣・

お朔日詣りやお墓参りは欠かさない

「白い魔法使い」を太陽の紋章に持つあなたが強運をつかむためには、お朔日参り（毎月1日に神社に参拝すること）やお墓参りは欠かさないこと。目に見えないスピリチュアルな世界とつながる能力を持つので、神仏を敬い、ご先祖を供養する習慣を持つことで強運をつかむ人です。逆に、大切なことをおろそかにして、自分の欲ばりに目を向けていると、たちまち運勢が下がってしまいます。一生懸命がんばっているのに、人生がよくならないとしたらそのため。強運をつかみたいのなら、毎日のように神仏に手を合わせて感謝する気持ちを育みましょう。忙しくてなかなかできないという人は、心の中でつぶやくだけでも運勢が飛躍的にUPするはず。もしもあなたが自分の成功を求めるのであれば、動機をクリアなものにしてみて。自分のエゴを満たすためのものなのか、世の中のためになるものなのかで、宇宙が味方するか否か運命は大きく変わります。私欲にまみれると、白い魔法使いの純粋さがけがれてしまうので注意してください。最近なんだかスッキリしないと感じている人は、身を清めたり、空気が澄んだ気持ちのよい場所でリフレッシュしたりするのもオススメの過ごし方です。

日常の過ごし方

裏 本来の自分のあるべき姿

セルフイメージをUPさせる

「白い魔法使い」をウェイブ・スペルに持つあなたが強運をつかむためには、セルフイメージをUPさせること。セルフイメージとは、自分自身に対する自己認識や評価をいいます。セルフイメージが低いと物事を否定的にとらえてしまうため、無意識にうまくいかない人生の選択をしてしまいがち。特にあなたは自分のことを好きになれず、自身を責めたり、自己否定に陥ったりしやすいタイプ。「自分が嫌い、ゆるせない」というセルフイメージは、運勢を下げる大きな要因となってしまいます。セルフイメージは、他人が決めたものではなく、あなた自身が決めたもの。ですからあなたが望むままに変えることができます。自分は「最高だ」「価値がある」と思えば、それがセルフイメージとなり、運勢が飛躍的にUPします。また魂が純粋なので、自分をしっかり持っていないと周囲からの影響を受けて運命が左右されやすくなってしまいます。運命は他人が操るものではなく、あなたの意志で操るもの。ハッピーな自分をイメージし、ハッピーになるための人生の選択をしていきましょう。

MAGICAL WAND

白い魔法使い
の
キーワード

持っているベーシックな特性

一途に一生懸命取り組むがんばりや

人を惹きつける魅力の持ち主

直感するどく感受性が豊か

献身的に相手に尽くす

スピリチュアルな能力が高い

あなたが果たす役割

自分を愛しゆるす、人を愛しゆるす

ハッピーワード

「ホオポノポノ」
（ハワイ語で「幸せになる魔法の言葉」）

持ち物

オラクルカード

ラッキーの引き寄せが起こる
前兆のサイン

愛で満たされる感覚がある

虹を見る

オラクルカードの結果がよかった

運気が上がる場所

パワースポット

友人にオススメの相手

赤い蛇

恋愛にオススメの相手

青い手

成長させてくれる相手

黄色い種

青いワシ

先を見通す力と論理的な
視点を持った頭脳派

EAGLE EYE

私の本当の姿

表 自覚している自分の姿

本質を見抜く"目"を持つ人

「青いワシ」を太陽の紋章に持つあなたは、本質を見抜く"目"（サードアイ）を持つ人。頭がよく、物事を俯瞰して見ることができるので、本質を見抜く能力に優れています。錯綜する情報に惑わされたり、情に流されたりすることが少ないため、失敗もしにくいタイプです。あまりに冷静なので、クールな人だと思われて冷たい印象を与えることがあるようです。そんなときはニッコリ笑って、感情を表に出すことであなたのよさが伝わります。あなたの役割は、本質を見抜く目で物事の真相を究明したり、さまざまな角度から検証したり、悩める人に的確なアドバイスを与えたりすること。仕事では、よりうまくいく方法を提案したり、優れた能力を誰かの役に立つために使ったりすることで、生きがいややりがいを感じられるはず。頭で考えて答えが出ないときは、心で感じてみてください。

裏 本来の自分のあるべき姿

"使事"を通して人生を学ぶ人

「青いワシ」をウェイブ・スペルに持つあなたは、"使事"を通して人生を学ぶ人。使事とは、あなたの"使命となる仕事"のことです。生涯をかけて本来の果たすべき天職を見つけましょう。仕事の星を持って生まれてきたあなた。大好きな人と結婚して子宝にも恵まれ、専業主婦になったはずなのに、なぜだか社会に意識が向いてしまう自分に気づくかもしれません。もし仮に人生に生きがいを見いだせずに悶々としているのならば、人生をかけてエネルギーを注いでもいいと思えるような仕事を見つけましょう。仕事は、自分の魂を磨くためのツールです。仕事を通して、やりがい、楽しさ、社会貢献、同僚やお客様との人間関係、目標に向かって努力を重ねること、困難を乗り越えて実現するプロセスなど、さまざまなことを学ぶことができます。

青いワシ ◆ EAGLE EYE

向いている仕事&

表 自覚している自分の姿

仕事が生きがい。できるだけ働き続けて

「青いワシ」を太陽の紋章に持つあなたは、仕事で自己実現を果たそうとするタイプ。キレ者で頭の回転が速く、持ち前の交渉力とプレゼンテーションで次々と商談や契約をまとめたりと、周囲から一目おかれる存在。どんどん出世していきます。先見の明があり、コミュニケーション力にも長けているあなた。経営者や営業職、マーケター、商品開発担当、ネゴシエーター、弁護士などの職業にも向いています。一方で事務職などのルーティンワークには向いていません。退屈してもの足りなく感じてしまうでしょう。仕事の成功が生きがい。仕事の成功と人生の目標がイコールになると、充実した人生を手に入れることができます。だからこそ仕事を辞めるという選択は避けたほうがいいでしょう。たとえば結婚を機に長年勤めていた会社を退職するなどしてキャリアを失うと、あとで後悔してしまうかもしれません。人生のターニングポイントでは慎重に選択してください。

向いている職業

経営者、営業職、マーケティング関係、商品開発、弁護士、
外資系・グローバル企業の社員、広告・宣伝、IT関連

キャリアアップする方法

〈裏〉本来の自分のあるべき姿

周囲に流されず自分の仕事を全うして

「青いワシ」をウェイブ・スペルに持つあなた。人や社会の役に立ち、自分にしかできない職業を見つけることが大切です。仕事の星を持って生まれてきたため仕事運が大変よく、さまざまな業界で活躍することができます。ワークライフバランスの中でも、仕事の優先順位は高め。仕事が生きがいへとつながっていきます。周囲から「仕事ばかりしてないで遊びなよ」「まだ結婚しないの?」などと言われても、大丈夫。周囲の意見に左右されず、進みたい道に邁進してください。頭脳明晰で、かつ深い洞察力を持つあなたは、どんな職種にも適応できます。たとえば企業においては戦略家として。また個人レベルならプランナーやアナリスト、評論家、弁護士や会計士などの専門職も向いています。ただしお金を稼ぐだけではやりがいを感じられません。お客様や社会の役に立ち、さらに自分にしかできない"使事"(生まれてきた使命を全うする仕事)を選びましょう。仕事がライフワークになったら"最幸"です。

向いている職業

戦略部門、プランナー、アナリスト、評論家、弁護士、
会計士、経営コンサルタント

青いワシ ✦ EAGLE EYE

運命の相手と巡り会う

パートナー

表 自覚している自分の姿

気どらずに素のあなたを見せて

「青いワシ」を太陽の紋章に持つあなたは、シャイで恋愛には奥手なタイプ。特に好きな人の前だとソワソワしてしまい、そっけない態度をとったり、本心と違った接し方をしてしまったりすることがあるようです。「好き」という気持ちはあるのにうまく伝えられず、かなうはずの恋もダメになってしまったという経験をしている人も少なくないようです。あなたが結婚をかなえるには、自分の気持ちに素直になることです。仕事のときのように強く見せたり、デキる女を気どらなくても大丈夫。本性を隠さず、本音で語り合うこと。ありのままのあなたでいることが肝心なのです。ふだんは見せないかわいらしさにキュンとして、あなたのことを魅力的に感じる人が現れるでしょう。デートの際は、仕事の話は控えめに。あなたの趣味や好きな食べ物の話などで会話を盛り上げましょう。お酒や食べることが好きなあなたなので、テーブルの上では本来の笑顔が出せるはずです。

「青いワシ」の男性との上手なつきあい方

彼はクールで感情を表に出さないタイプ。愛情表現をしないため、好きなのか嫌いなのか不安になることも。ツンデレな態度をとられても、実はあなたのことをしっかり考えています。そういうタイプだと理解してあげて。

コツ&最適な結婚相手

オフは切りかえ、仕事を忘れて楽しんで

「青いワシ」をウェイブ・スペルに持つあなたは、恋愛をあと回しにして仕事を優先してしまいがち。アフター5は、会社の人たちとの飲み会で帰宅が遅くなり、土日は接待ゴルフ。デートする時間がなく、何かとプライベートを犠牲にしてしまいます。友人からのお誘いを断り続けているとだんだん声がかからなくなり、出会いのチャンスは減っていくことに。でも職場の同僚や得意先との接待からご縁がつながり、恋に発展することもあります。あなたが結婚をかなえるには、オンとオフのスイッチをうまく切りかえることが大切です。オフのときは仕事モードから切りかえて、パソコンは閉じる。会社のスマホは電源を切る。仕事であなたのプライベートを犠牲にしてきたという自覚があるなら、いまこそワークライフバランスを見直しましょう。趣味や習い事などに時間を費やしたり、仕事以外の人脈を積極的につくったりしているうちに、運命の出会いが訪れますよ。

「青いワシ」の男性との上手なつきあい方

仕事人間の彼は、休日出勤や接待などあたりまえ。週末でも会えずに、寂しい思いをするかもしれません。でも、あなたのことに関心がないからではないので安心して。単に仕事に生きがいを感じているだけ。美食家なので、食事に誘って胃袋をわしづかみにすると効果抜群です。

青いワシ ✦ EAGLE EYE

強運をつかめる習慣・

人生の目標や計画を
しっかりと立てる

「青いワシ」を太陽の紋章に持つあなたが強運をつかむために
は、人生の目標や計画をしっかり立てること。行き当たりばっ
たりの人生を生きるのではなく、計画を立て、ゴールに向かっ
てアクションを起こすことで思いどおりの人生を引き寄せられ
る人です。特にあなたは現実的な人。理想や空想を追うより
も、現実的にかなえられる目標や目的に向かって一歩一歩前
進していきましょう。いちばん早くゴールにたどり着ける手段
や方法を選ぶことがポイント。合理的に要領よく進めること
が、いちばん合っている方法なので打算的と思われたとして
も、周りの声は気にしないで。行き当たりばったりの人生を生
きるか、自らの人生を操るかで運命は大きく変わります。ゴー
ルをしっかりと決めて、人生100年、なりたい自分をかなえて
いきましょう。

日常の過ごし方

*****◇◇◇◇◇◇◇◇◇◇* **裏** 本来の自分のあるべき姿 *◇◇◇◇◇◇◇◇◇◇*****

趣味やライフワークを持つ

「青いワシ」をウェイブ・スペルに持つあなたが強運をつかむためには、趣味やライフワークを持つこと。仕事人間なあなたは、ついつい仕事ばかりにフォーカスしがち。仕事中心になりすぎるとバランスが偏ってしまいます。仕事以外に楽しめる趣味を持つことで、あなたの人生はいまよりもっと豊かになるはずです。特にふだん頭を使うことが多いので、頭を休めて体を動かすような趣味を持つといいでしょう。たとえばヨガやピラティスをしたり、ウォーキングやジョギングをしたり。運動をすることは、運を動かすこと。開運につながります。リフレッシュすることで頭がさえてよい発想が浮かんだり、仕事にも生かしたりすることができるのです。忙しい毎日の中で、休暇をとるのも必要なこと。週に一度は趣味に時間を費やせるように、タイムマネジメントを行ってみてください。

EAGLE EYE

青いワシ
の
キーワード

持っているベーシックな特性

頭の回転が速く先見性がある
戦略を練る力が高い
クールな知性で全体を俯瞰
高い分析力で解決へ導く能力
行動力があり美食家

あなたが果たす役割

仕事を通じて人や社会の役に立つ

ハッピーワード

「やればできる！」

持ち物

スーツ

**ラッキーの引き寄せが起こる
前兆のサイン**

接待が増えた

近々、上司との個別面談がある

予約のとれないお店が予約できた

運気が上がる場所

職場

友人にオススメの相手

黄色い種

恋愛にオススメの相手

白い世界の橋渡し

成長させてくれる相手

赤い蛇

黄色い戦士

チャレンジ精神あふれる
タフな行動派

YELLOW SOLDIER

私の本当の姿

〜〜〜〜〜 表 自覚している自分の姿 〜〜〜〜〜

優れた知性とチャレンジ精神を秘めた賢者

「黄色い戦士」を太陽の紋章に持つあなたは、優れた知性とチャレンジスピリットで邁進する人。賢く人生を生き抜く賢者です。受け身の人生よりも、積極的に生きることで開運します。逆に、打算で生きたり消極的に生きたりしていると、運勢が下降します。常に攻めの人生を生きることが、開運するポイント！　あなたは優れた知性を使って、本を読んだり、勉強したり、過去のデータや情報を分析したりするのが得意です。勘に従って行動するよりも、理屈やエビデンスを信じるタイプ。ただし納得できないと疑心暗鬼になり、行動できなくなってしまうことがあります。結論が出ないときは、あなたの勘に従って行動することも大切。人生は、チャレンジの繰り返しです。チャレンジスピリットを燃やし続け、前進しましょう。

〜〜〜〜〜 裏 本来の自分のあるべき姿 〜〜〜〜〜

気質が強く負けず嫌いな、戦いのDNAを持った人

「黄色い戦士」をウェイブ・スペルに持つあなたは、戦いのDNAを持った人。気質が強く、負けず嫌いです。困難を突破する、乗り越えていくような強さがあり、打たれてもはい上がる精神力の強さは、まさに戦士のようです。肉体にも恵まれた人が多く、精神力と肉体で、スポーツの業界でも頭角を現します。ただ、戦士のスイッチが入ると、人と競ったり争ったりしてしまうので注意しましょう。争うことは宇宙法則の"愛の精神"と反する行為なので、運勢が一気に下がってしまいます。人と競ったり、争ったりするのではなく、自分を高めることにフォーカスを当てること。どんなときも愛と調和をもって物事を進め、自己成長を目指すことを忘れないでください。

裏

向いている仕事&

―――― 表 自覚している自分の姿 ――――

挑戦しながら成長できる仕事を選んで

「黄色い戦士」を太陽の紋章に持つあなたには、チャレンジスピリットを刺激する職業が最適です。挑戦することが本能なので、簡単には達成できない高い目標にも勇敢な戦士のように立ち向かっていきます。単調なルーティンワークよりも、やればやるだけ実績が評価される仕事が向いているでしょう。たとえば歩合制の営業職やコミッション制の仕事、起業家やプロジェクトリーダーが最適。IT関連など、論理的思考力や強いメンタリティが求められる仕事にもやりがいを感じます。スポーツが好きなのであれば、優れた運動神経を生かしてスポーツ選手やトレーナーなどの職種も向いています。あなたにとっては、仕事を通して自己成長できるかどうかがかなり重要。簡単にクリアできてしまう仕事にはやりがいを感じられず、すぐに飽きてしまうかもしれません。たくさんの仕事にチャレンジを。その中でやりがいや達成感を得られる仕事に出合えたなら、それがあなたの天職です。

向いている職業

歩合制営業職、起業家、IT関係、スポーツ選手、トレーナー

キャリアアップする方法

社会問題の解決や正義のために働いて

「黄色い戦士」をウェイブ・スペルに持つあなたには、社会の問題を解決する職業が最適です。正義感が強く、社会をよりよくしたいと考えている人。単調な仕事や単なるお金もうけの仕事では満足しません。大きなスケールで、社会の問題を解決するための"ソーシャルジャスティス"を実行しようとするスピリットがあります。その過程で批判を受けることがあったとしても、社会正義のためであれば信念は揺るぎません。その道がどんなに困難で複雑でも、達成するまでのプロセスを楽しんでいける力を持っています。格差、差別、偏見、貧困、性的マイノリティなどで苦しんでいる人々を助けるようなソーシャルビジネス。そして世界に視野を向けたSDGsなど地球規模の仕事に携わることで、あなたはやりがいを得られるでしょう。あなたのチャレンジスピリットをかき立てる仕事でこそ、強みを最大限に発揮させることができます。

黄色い戦士 ✦ YELLOW SOLDIER

向いている職業

社会奉仕事業、SDGs関係、社会起業家、弁護士、学者

運命の相手と巡り会う

<ruby>パートナー</ruby>

―――――― **表** 自覚している自分の姿 ――――――

恋愛と結婚は別。愛してくれる人を選ぶ

「黄色い戦士」を太陽の紋章に持つあなたは、恋に積極的ないわゆる「肉食系」女子タイプ。ねらった相手を追うことに情熱を燃やし、なんとしても振り向かせようと積極的にアプローチします。相手に恋人がいる、いないにかかわらず、手に入れるまでのプロセスを楽しんでいるようです。とはいっても、根はとても賢いあなた。恋に勝算があるかどうかはきちんと計算しています。勝ち目がないとわかれば、勝負をしかけることはしない賢明さもあわせ持っています。しかし面倒な恋にも足を突っ込みやすいので、ターゲットに選ぶのはシングルの相手のみにしぼりましょう。恋愛では追いかけることが好きなあなたですが、結婚を考えるならあなたを愛してくれる人を選ぶこと。そうすれば、愛に満ちた幸せな結婚生活を送ることができるでしょう。年収や学歴などの条件以上に、自分にはできない卓越した何かを持っている、尊敬できるような相手を選ぶと、飽きずに愛の炎を燃やし続けることができます。

「黄色い戦士」の男性との上手なつきあい方

「黄色い戦士」の彼は、好きになったら、なにがなんでも相手を振り向かせたいタイプ。ハードルが高ければ高いほど、恋の炎が燃え上がります。その性質をうまく利用し、あなたからの積極的アプローチは控えて。相手から追わせるように仕向けることで、興味や関心を引き寄せることができます。

コツ＆最適な結婚相手

お互いにプラスになるような愛を育てて

「黄色い戦士」をウェイブ・スペルに持つあなたは、愛する人のために炎を燃やすタイプ。人は愛のために生きていることを知っています。愛する人のためにできることをしたいと願う、まっすぐで一途な人です。ですから愛されるよりも愛したい意欲が強く、たとえ困難が訪れたとしても二人で一緒に乗り越えようと努力します。ただしそれは通常の恋愛の場合のみ。三角関係や周りから祝福されない愛からは早くに身を引くことをおすすめします。あなたが幸せな結婚をかなえるには、ギバーになって相手の幸せを願い、愛を与え続けてください。笑顔で健康に暮らせるようにサポートし、仕事で成功するように導きましょう。ギブし続けると、まっすぐなあなたの愛に必ず相手も応えてくれるでしょう。ただし、自己犠牲的な愛にならないように。それは本物ではないので、逆に破滅へと導かれるおそれがあります。ときめきを感じてもすぐ行動に移さず、その愛がお互いの人生にとってプラスになるかどうかをよく考えてみてください。

「黄色い戦士」の男性との上手なつきあい方

まじめな性格の彼は、恋愛にもまっすぐなタイプ。自分だけを見て、愛してほしいと思っています。あなたがほかの男性と遊びに行くだけでも嫌がるかもしれません。少しでも気になると、あれこれ詮索してきて怒りっぽくなりやすいです。よそ見をせず、彼だけを見るようにしてあげて。

黄色い戦士 ✦ YELLOW SOLDIER

強運をつかめる習慣・

―――― 表 自覚している自分の姿 ――――

考える前にアクションを起こす

「黄色い戦士」を太陽の紋章に持つあなたが強運をつかむために
は、考えるくせを手放すこと。左脳の優位性が高いあなたなの
で、何かを始める前に客観的なデータにもとづいて考える
傾向があるようです。思考力や観察力が豊かで、あなたが賢
い人だということは誰もが認めるところ。でも結論が出てから
でないと行動に移さないため、時間をかけたわりには進展しな
かったり、状況の変化に柔軟に対応できずに臨機応変さに欠
けたりすることも。理屈っぽい面が強く出てしまうと、おもしろ
みのない情緒に乏しい人と思われてしまうかもしれません。ま
ずは"考える前にやってみる"、この習慣を持つこと。実践→フ
ィードバック→実践→フィードバックを繰り返す中で、いい解
決策が見つかったり、アイディアが浮かんだりするものです。
あなたは誰よりも勇敢で、強い精神力を兼ね備えています。行
動を起こし、次への解決策を探すプロセスを楽しむことが、何
よりの開運方法です。アクションを起こした先に幸運が待って
います。

日常の過ごし方

自分の可能性を信じる

「黄色い戦士」をウェイブ・スペルに持つあなたが強運をつかむためには、自分の可能性を信じること。あなたの可能性は、あなたの想像をはるかに超えるものです。描いたゴールを、確実に実現できるパワーを秘めているのです。あなたがもし伸び悩んでいるとしたら、自分の限界や可能性を決めてしまっているからかもしれません。「可能性は無限大」と毎日心の中でつぶやく習慣をつくりましょう。あなたは、生涯で大きなことをなしとげたいと心のどこかで思っているはず。自分のためというよりも、人や社会のためならば小さな犠牲など恐れてはいないはずです。「何のためにそれをやろうとしているのか」「何のために生きているのか」。ツールではなく、目的やゴールを明確にしましょう。あなたの中で確信が得られたとき、自分でも信じられないようなポテンシャルを発揮することができるでしょう。

黄色い戦士 ✦ YELLOW SOLDIER

YELLOW SOLDIER

黄色い戦士
の
キーワード

持っているベーシックな特性

チャレンジ精神あふれる行動派

正直者でウソがつけないまっすぐな人

とにかく挑戦したいチャレンジャー

タフなメンタルの持ち主

勝敗や数字など目標が好き

あなたが果たす役割

困難を突破する勇気を見せる

ハッピーワード

「私はどんなときも逆境を乗り越えられる」

持ち物

スポーツウェア

**ラッキーの引き寄せが起こる
前兆のサイン**

疑問が解決する

目標が見つかる

体を動かしたくなる

運気が上がる場所

トレーニングジム

友人にオススメの相手

青い夜

恋愛にオススメの相手

赤い蛇

成長させてくれる相手

白い世界の橋渡し

赤い地球

人との絆を大切にし
仲間を愛する人情派

ONE EARTH

私の本当の姿

表 自覚している自分の姿

地球を守るために生まれてきたアースワーカー

「赤い地球」を太陽の紋章に持つあなたは、地球を守るために生まれてきたアースワーカー。"地球の番人"といわれ、地球に起こるさまざまな問題を解決し、地球を守るために、地球にやってきた愛の戦士です。環境保全における取り組み、植林運動や地球温暖化防止、CO_2削減、動物愛護、食料問題、核兵器の廃絶などに関心が高く、率先して地球の問題に取り組もうとします。また地球意識と連動しているため、天候が悪いと頭痛がしたり、地震や災害が来そうになると変化を敏感に察知したりするような能力も持っています。地球に関心を向ければ向けるほどシンクロニシティが増えるので、積極的に携わりましょう。まだ何もしていないという人は、ちょっとしたことからでもOK！　たとえば食べ物をムダにしない、エアコンの温度設定を調整する、ゴミ拾いをするなどできることから始めてみましょう。

裏 本来の自分のあるべき姿

愛と絆で地球を一つにつなげる役割

「赤い地球」をウェイブ・スペルに持つあなたは、愛と絆で地球を一つにつなげる役割を持つ人。"つながり"を大事にし、優しくみんなをまとめるしっかり者です。絆を大切にし、志を同じくするソウルメイトたちと一緒に何かをやることにやりがいを感じる人。知らない人同士がハートとハートでつながるように働きかけ、人に貢献しようという思いが強いタイプ。どうしたらみんなが一つにつながるか、そんなことばかり考えています。頼りにされるリーダーとして活躍する人が多く、人種や肌の色に関係なく、みんなが仲よくなるための取り組みをし、国境を超えて世界に通用する何かを生み出す才能にあふれています。

赤い地球 ◆ ONE EARTH

向いている仕事&

―――― 表 自覚している自分の姿 ――――

地球の未来のために働く
アースワーカー

「赤い地球」を太陽の紋章に持つあなたの天職は、エコロジーに関連する職業です。別名"地球の番人"であるあなたは、地球を守るためこの世界に生まれてきた人。ですから青く美しい地球を後世に残していくための地球環境活動に携わることが、本来のお役目なのです。たとえばエネルギー産業や環境・海洋ビジネス、動物愛護、農業など。SDGs（持続可能な開発目標）に積極的に携わるのもよいでしょう。自分にできるちょっといいことを始めると、やがてたくさんの協力者を得て、最終的には人々の意識を変えるようなムーブメントを起こすことができるはず。人の心の機微を理解できるあなたは、カウンセラーや心理療法士など人の心を扱う仕事にも向いています。悩める人の声をしっかり受け止め、彼らに最適・最善のアドバイスを提供できる才能を持っているのです。地球のため、そして地球に住む人々が幸せに暮らせるように貢献していきましょう。

向いている職業

エネルギー関係、エコロジー関係、農業関係、カウンセラー、
心理療法士、フラワーアーティスト

キャリアアップする方法

アートで地球の意識を
一つにつなげる

「赤い地球」をウェイブ・スペルに持つあなたは、芸術・芸能の才能を手に生まれてきた人。人の心や意識を一つにつなげる役目を果たすので、日本だけでなく世界に通ずる芸術・芸能分野で才能を発揮することができます。たとえば音楽。国境を超え、人と人の心を一つにつなげることができます。映画や絵画、文学などのアートも同じ。人々の心を打ち、感動を与えることができるでしょう。そんなあなたの天職は歌手やミュージシャン、ダンサー、芸術家や小説家、作家や俳優だといえそうです。あなたがキャリアを形成するためには、早い段階で才能に気づくことが必要。ダイヤモンドも、原石を磨かなければ輝くことはできません。芸術・芸能の才能を磨くためのスクールや専門学校、大学院などに進学するのもよいでしょう。すでに社会に出て働いていたとしても大丈夫。人生100年時代は、何歳からでも才能を開花させるチャンスがあります。あきらめることなく才能を磨き続けましょう。

向いている職業

アーティスト、ダンサー、芸術家、小説家、作家、俳優、ライター、MC、声優、講師、アナウンサー

運命の相手と巡り会う

<ruby>パートナー</ruby>

表 自覚している自分の姿

情に流されず自分の気持ちを優先して

「赤い地球」を太陽の紋章に持つあなたは、20の紋章で最も情が
深い星。一度好きになるとずっと好きでいる、人情の厚い人です。
優しくて、自分より相手の気持ちを優先します。情が深すぎるゆえ
に、好きでもない相手に言い寄られて断れないことも。愛が冷めて
いるのに、過去の恩義を手放さずいつまでも関係を断てないことも
あるでしょう。自分の気持ちを犠牲にしてまでも、相手に合わせて
しまう傾向があります。あなたが幸せな結婚をかなえるためには、
情に流されず、理性的になること。悪縁を切らないでいるといつま
でも幸せをつかめません。心の強さを持ち、関係を断つこともとき
には必要なことなのです。過去の恋人の携帯番号がまだ残ってい
るなら、早く削除しましょう。情がまさってしまう、どうしても縁を
切ることができない。そんなときは友人に相談したり、縁切りの神
様にお願いしたりしてみて。自分にとって良縁であるかどうか、理
性的に考えられるようになってください。

「赤い地球」の男性との上手なつきあい方

人を大事にする彼は、友人や職場での人間関係などつきあいが豊富です。週末、二
人だけでデートを楽しみたくても、つきあいを優先しなければならないときもあります。
そんな彼の性格を理解してあげれば彼も安心します。

コツ＆最適な結婚相手

〜〜〜〜〜 本来の自分のあるべき姿 〜〜〜〜〜

心と心の絆を結ぶこと

「赤い地球」をウェイブ・スペルに持つあなたは、心と心の絆を結びたいと願う人。恋人とはコミュニケーションを大事に、会えなくても連絡をとり合いたい、心と心がつながっていたいと願っています。一方で初対面の相手に対しては、心の内側に土足で踏み込まれることをあまり好みません。ただし最初はその気がなくても、徐々にうちとけてくると、しだいに心の扉を開けていきます。心を開くのに少し時間がかかるタイプです。あなたが幸せな結婚をかなえるためには、パートナーとの揺るぎない絆を結ぶことが大切です。何があっても、どんな困難が訪れたとしても「この人となら乗り越えていける」という確信を持つことが肝心です。注意すべき点は、情がまさってしまうと不倫の恋をしたり、結婚という形にこだわらない自由な恋愛を求めたりするところ。けっして依存はせず、自分の気持ちを大切にしながら幸せをつかんでくださいね。

「赤い地球」の男性との上手なつきあい方

寂しがりやな彼は、常にあなたをそばに感じていたいタイプ。忙しくて会えないときも、マメに連絡をとり合い、絆を深めましょう。心がつながっていれば、何があっても大丈夫です。

強運をつかめる習慣・

〜〜〜〜〜 (表) 自覚している自分の姿 〜〜〜〜〜

エコロジーな
ライフスタイルを目指す

「赤い地球」を太陽の紋章に持つあなたが強運をつかむために
は、エコロジーなライフスタイルを心がけること。エコロジー
とは、環境に配慮した生き方や地球に優しい取り組みをするこ
と。地球の番人であるあなたは、いまの地球の現状に危機感
を持っており、何かしなければいけないと感じているはず。た
とえばオーガニックライフをエンジョイするのもいいでしょう。
食べ物や衣類や化粧品など、化学物質の入っていない自然の
ものを選ぶことから始めてみましょう。健康的な食生活に変え
るだけでも体調やエネルギーバランスが整い、運勢が飛躍的
にUPします。肌のツヤもよくなり、オーラも輝き、幸運がたく
さん引き寄せられてきます。あなたが率先して行えば、周囲の
人にもいい影響を与え、エコロジーなライフスタイルが広が
り、地球への貢献へとつながります。地球への愛を積極的に
発信していきましょう。

日常の過ごし方

〜〜〜 (裏)本来の自分のあるべき姿 〜〜〜

地球が育んだ生命とふれ合う

「赤い地球」をウェイブ・スペルに持つあなたが強運をつかむためには、地球が育んだ生命とのふれ合いを持つことです。たとえば身近なところでは、犬や猫などのペットを飼うことかもしれません。ペットがNGの住居なら、観葉植物やお花を部屋に飾るだけでもOK。地球がもたらした命とふれ合うことであなたにも自然の生命力がチャージされて、強運体質になれるのです。クリスタルなどの鉱物やパワーストーンをキーホルダーやブレスレット、アクセサリーなどにして、いつも身につけておくのもいいでしょう。ときには動物園や水族館などに行って、陸や海の動物やイルカ、魚など地球が生んだ生命とふれ合うのもおすすめです。定期的に瞑想を行い、大地のエネルギーを感じてみるのもいいでしょう。地球の命とつながる場所に行くことが、あなたにとって開運のカギです。

ONE EARTH

赤い地球
の
キーワード

持っているベーシックな特性

人を引っぱるリーダー気質
心優しく人の心を動かす人
寂しがりやのロマンチスト
リズム感と共鳴する芸術性
地球の番人でありアースワーカー

あなたが果たす役割
地球を守り、世界の人々の意識を一つにつなげる

ハッピーワード

「地球は一つ」

持ち物

マイバッグ

**ラッキーの引き寄せが起こる
前兆のサイン**

地球の鼓動を感じる

音楽を聴きたくなる

エコへの関心が高まる

運気が上がる場所

大自然の中

友人にオススメの相手

白い風

恋愛にオススメの相手

黄色い種

成長させてくれる相手

青い手

白い鏡

透明感と美しさを追求する
まじめで誠実なタイプ

SPIRITUAL MIRROR

私の本当の姿

表 自覚している自分の姿

世の中に秩序をもたらす役割

「白い鏡」を太陽の紋章に持つあなたの役割は、世の中に秩序をもたらすこと。堅実で正義感が強く、曲がったことが大嫌いです。社会の秩序を乱すことや、不誠実な行いを嫌い、物事の正しい順序や社会の規律を重んじます。政治家の不祥事や企業の不正などが氾濫する現代、混沌とした社会のルールに疑問を感じることが多く、正しさとは何かを追求します。ただし自分の価値観や判断基準に合わないと、受け入れられずに厳しくジャッジしてしまう傾向も。世の中には、さまざまな価値観を持った人がいるので、柔軟に受け止められるようになると生きやすくなります。あなたの中にある正しさを人に押しつけてはいけませんが、社会が正しい方向へと進んでいけるように、あなたの中に秘めた秩序を貫き通すことはとても大切なこと。世の中の人々が一定の規律にのっとり安心して暮らしていけるよう、あなたの平等で博愛的な愛の心をもって導いてあげてください。

裏 本来の自分のあるべき姿

心の状態が運命を決める人

「白い鏡」をウェイブ・スペルに持つあなたは、礼儀礼節や敬意をもって相手を尊重することが大切であることをわきまえている人です。精神的にも大人で、落ち着いた印象を持たれます。誰に教えられるでもなく、道徳心が高く、善悪の区別がしっかり身についている人です。心の領域に関心の高い人も多く、精神面がいかに大切かを生まれながらにしてわかっているような、達観したところがあります。どんな心の状態でいるかが現実に反映されやすいのも特徴。ネガティブな感情をいだいたり、人生がうまくいっていないと感じたりするときは、心を整えていくと、みるみる現実が変わってきます。たとえば瞑想やマインドフルネスをしたり、神社を参拝し神様と対峙したり。心のモヤモヤをいち早く察知してクリアにし、心を平穏な状態に保つことが開運ポイントです。自分の内面をクリアにしていけばいくほど、あなたの進むべき道ややるべきことが明確になるでしょう。

白い鏡 ◆ SPIRITUAL MIRROR

向いている仕事&

堅実かつ実直さが必要な会社員

「白い鏡」を太陽の紋章に持つあなたには、堅実な仕事が最適。きっちりしていて、とてもまじめな性質なので、手堅い職業が向いているといえます。たとえば安定した公務員、メーカーや銀行、商社勤務など。職種なら人事や総務など、与えられた仕事をミスなくこなす能力が必要な部門がよいでしょう。事務系の仕事ならすべてカバーできますが、会計や経理でもその緻密さを発揮できそうです。あなたは地道にコツコツやることを美徳とする人。会社のルールやしきたりなど、コンプライアンスをしっかり守ることが得意です。一方でベンチャー系の仕事や営業、起業家のような、無から有を生み出す仕事は向いていません。あなたがキャリアアップするためには、一つの会社や職業だけでなく、さまざまな分野に興味を持つように視野を広げていくこと。これまでは終身雇用の時代でしたが、いまはパラレルキャリアの時代です。柔軟性を持ってキャリアプランニングしていきましょう。

向いている職業

公務員、銀行員、商社勤務、一般事務、秘書、人事・総務関係

キャリアアップする方法

〰〰〰〰〰 ㊙ **本来の自分のあるべき姿** 〰〰〰〰〰

逆境を乗り越えて達成感を得る仕事

「白い鏡」をウェイブ・スペルに持つあなたは、簡単に達成できる仕事よりも、逆境を乗り越えて達成感を得られる仕事にやりがいを見いだすタイプです。まじめな性格をしているので、努力なくして成功は得られないことを知っています。人の何倍も努力をして成功をつかんでいくことができます。ですから強いメンタリティやストイックな性質を生かせる職業が適職といえるでしょう。たとえば歩合制の営業や起業家、職人、アスリートやスポーツ選手などが向いています。また、これまでのさまざまな人生経験を生かせる教師や占い師、セラピスト、神職などもおすすめです。職業を選ぶうえでは、地位や名誉、金銭などの物質的な成功を追い求める以上に、やりがいなどの精神的な充足感が重要なバロメーターに。あなたがキャリアアップするためには、謙虚さを忘れないことが大切です。傲慢さは失敗を引き寄せるので気をつけてください。どんな場面においても謙虚さを忘れず、高みを目指していきましょう。

向いている職業

> 歩合制営業職、起業家、スポーツ選手、
> 教師、占い師、セラピスト、神職

運命の相手と巡り会う
（パートナー）

表 自覚している自分の姿

「こうあるべき」を手放し
心がときめく人を探して

「白い鏡」を太陽の紋章に持つあなたは、安定的で堅実な恋愛を望むタイプ。恋愛や結婚に対して「こうあるべき」という固定観念を持っていることが多く、つきあう相手の条件に対してもシビアです。適齢期までに運命の人と出会って結婚し、子どもを授かって、家庭を持ちたい…。古風な結婚を理想として描いており、よい大学を出てよい会社に勤める、安定した収入を得ている人を選びやすい特徴があります。少しでも自分の価値観に合わないと見向きもしません。バッサリと縁を切るのも早いです。あなたが幸せな結婚をかなえるためには、「恋愛はこうあるべき」という固定観念を手放すこと。条件で相手を選ぶのではなく、あなたの心がときめくかどうかが重要です。「こういう人と結婚しなさい」という親の価値観にも影響されすぎないでください。結婚をするのはあなた自身。広い視野と広い心で相手を見られるようになると、幸せな結婚がかなうでしょう。

「白い鏡」の男性との上手なつきあい方

誠実な彼は、恋愛に対してもまっすぐなタイプ。うそや偽りという言葉が彼の中に存在しないため、浮気なんて論外です。一度でもバレたら即アウトなので、誠実なおつきあいを心がけてください。

コツ＆最適な結婚相手

条件より人間性を見れば
あなた自身も心清らかに

「白い鏡」をウェイブ・スペルに持つあなたは、外見や条件ではなく、相手の人柄や心の清らかさを見られるようになれば、幸せをつかむことができます。若いときはお金持ちや年収の高いエリートに好意をいだいても、物欲が満たされていくうちに「本当の幸せはお金やものでは得られない」ということが徐々にわかってきます。あなたが幸せな結婚をかなえるために必要なのは、条件などに惑わされず心を見ること。心の目で見て、人間性が高く心清らかな相手を選ぶことです。「どうしてあんな人とつきあっているの?」と友人から言われたとしても、あなたの心が確信を得られたなら自信を持ってください。そのパートナー選びはきっと正しいはず。よい人には、よい人を引き寄せる力があります。心清らかでいれば、神様はあなたにふさわしい人を与えてくださいます。良縁が欲しいときは、縁結びの神様がまつられている神社に祈願するのも効果的。パワースポットを訪れ、心をクリアにする習慣をつけるのもよいでしょう。

「白い鏡」の男性との上手なつきあい方

彼はきっちりとした性格の人。いいかげんなことが嫌いなタイプです。デートの時間や約束を守れないと、この時点で恋愛の対象外になってしまうかもしれません。日ごろの生活習慣がふとしたところで出るので、気をつけてください。

白い鏡 ✦ SPIRITUAL MIRROR

強運をつかめる習慣・

⌄⌄⌄⌄⌄⌄⌄⌄⌄ **表** 自覚している自分の姿 ⌄⌄⌄⌄⌄⌄⌄⌄⌄

枠にとらわれない生き方をしましょう

「白い鏡」を太陽の紋章に持つあなたが強運をつかむために
は、枠にとらわれない生き方をすること。正解やルールや安定
を重んじることは、不正解ではないけれど、受け取れるものが
少なくなってしまうのも事実です。せっかくこの地球に生まれ
てきたのですから、物事を正しさや白か黒かで判断するより、
おもしろさや、楽しさ、やりがい、生きがい、あいまいさや不安
定さを感じることも味わってみましょう。自分の頭で考え、心
で感じたことを大切にするほうが、あなたの人生の彩りをぐっ
と濃くしてくれるはず。人間の本質や人として大切なことを見
失わない限り、どんな生き方だってOK。ときには子どものよう
に、あなたのしたいことを思い切り無邪気に楽しんでみて。宇
宙は楽しいというエネルギーに共鳴して幸運をくれるもの。自
分の中のとらわれに気づき、「〜ねばならない」とう枠をはずし
て生きられるようになると、人やモノ、コトの受け取りの幅が
広がって強運を享受できますよ！

日常の過ごし方

安易な道よりも、逆境の道を選ぶこと

「白い鏡」をウェイブ・スペルに持つあなたが強運をつかむためには、安易な道よりも、逆境の道を選ぶこと。それが開運につながります。鏡を磨けば磨くほど輝きが増すように、あなたも自分磨きをいつもしているようなタイプ。自己啓発が好きで、常に自分の高みを目指そうとする人。それは、人生においては楽な道を行っても魂の成長がないことを心のどこかでわかっているからにほかなりません。逆境の中から学ぶことや出会う人を通して、自分の価値観を柔軟にし、人格を磨き、人への感謝や貢献を現実世界で学ぶこと。それこそがあなたを一回りも二回りも成長させてくれるでしょう。この地球上で、どんな体験をしたか、どう乗り越えたか、誰の役に立ったのか。あの世に持っていけるのは、自分の生きざまだけ。あなたが目指すなりたい自分は、どんな自分でしょうか。明確にイメージしながら、どんなときも視野を広く持ち、「どうすれば解決できるかな」と問いかけて一歩一歩進んでいきましょう。

白い鏡 ◆ SPIRITUAL MIRROR

213

SPIRITUAL MIRROR

白い鏡
の
キーワード

持っているベーシックな特性

好き嫌いがハッキリしている

何事も正面から取り組むまじめな人

礼節を重んじ秩序や規律を守る人

誠実でスピリチュアリティを持っている

自立心旺盛で人に頼らない強さがある

あなたが果たす役割

秩序ある世界をつくる

ハッピーワード

「固定観念を手放す」

持ち物

コンパクトミラー

**ラッキーの引き寄せが起こる
前兆のサイン**

集中力が高まる

鏡に映る自分に見とれた

おみくじで大吉を引く

運気が上がる場所

化粧室

友人にオススメの相手

赤い竜

恋愛にオススメの相手

青い夜

成長させてくれる相手

黄色い星

青い嵐

エネルギーにあふれ嵐のように
周囲を巻き込む影響力のある人

BLUE STORM

私の本当の姿

表 自覚している自分の姿

影響力を発揮して、世の中に変容を促す役割

「青い嵐」を太陽の紋章に持つあなたは、嵐のようなエネルギーを持ち、世の中に影響を及ぼす人です。バイタリティがあるため、仕事に家事に趣味、遊びまで、寝なくてもがんばれてしまうタイプ。逆に家の中にじっと閉じこもっていると、エネルギーが発散できず、運気が滞ってしまいます。ですから定期的に外出し、エネルギーを発散させることをオススメします。気分がよいときは活気があるのですが、たまに気分が落ち込むとドンヨリとした気持ちに。感情にまかせて自ら負のスパイラルに陥ってしまうこともあるようです。負の感情に引きずられると、すべてをネガティブに関連づけてしまう傾向があります。自分を客観視してみたり、心の内を親しい人に打ち明けたりして、いま起きていることを冷静に見つめ直し、解決策を探しましょう。あなたの中のエネルギーをどういう方向に使っていくかで、運命が大きく左右されてしまうもの。だからこそいい影響力を発揮して、世の中に変容を促していきましょう。

裏 本来の自分のあるべき姿

人間関係やパートナーシップがテーマの人

「青い嵐」をウェイブ・スペルに持つあなたは、人間関係やパートナーシップをテーマに生まれてきた人。家族、恋人、友人、同僚など、人とのかかわり方しだいで人生が左右される運命です。対人関係をおろそかにすると、それが原因で人生が嵐のように波乱含みに。逆に、人間関係がよいと人生は安定します。身近にいる人とのかかわりを見つめ直し、もしもうまくいっていないことがあれば、あなたにできる範囲でいいので、しっかりと向き合いましょう。特に家族は、生まれてから最初に出会う最小単位のソウルメイト。出会えたご縁を大切にし、かかわりの中から学びを得て、魂を成長させていきましょう。うまくいっていないと思うことも案外、思い込みだったりするものです。思っているだけでは相手には伝わりません。自分の気持ちを言葉にして伝えて双方の意思疎通をはかり、実際に行動に移して、よい人間関係を築いていきましょう。

青い嵐 ◆ BLUE STORM

向いている仕事&

―――― 表 **自覚している自分の姿** ――――

コミュ力アップで人を束ねるリーダーに

「青い嵐」を太陽の紋章に持つあなたの天職は、嵐のように人を巻き込み、影響力を発揮していく仕事。仕事で成功する人は必ず、たぐいまれなコミュニケーション能力を持っています。しかしあなたは本来、人前に出て思いや考えを伝えるのが得意ではないはず。ですからお互いが理解し合えるように、あなたの意見を明確に伝え、人を動かすためのコミュニケーション能力を磨く必要があります。コミュニケーションの課題をクリアできれば、人を巻き込んで動かし、どんな試練も乗り越えて成功をつかむことができるようになるでしょう。向いているのはインフルエンサーや業界のカリスマと呼ばれるような職業、人々のモチベーションを引き出すコーチや人を束ねるマネージャー、プロジェクトのリーダーなど。また味覚に優れているので、食品・飲食業界も向いているでしょう。シェフ、ソムリエとしても活躍できる才能を持っています。食に関するスペシャリストになるのもよいでしょう。

向いている職業

> インフルエンサー、コーチ、教師、食品・飲食関係、ソムリエ、シェフ

キャリアアップする方法

よいチームワークで成功をつかむ！

「青い嵐」をウェイブ・スペルに持つあなたは、人間関係の中で成長できる仕事を選ぶとやりがいを得ることができます。行動力がありエネルギッシュなので、事務的仕事よりもアクティブに動き回れる仕事が向いています。たとえば営業や外回りの仕事、人を束ねるマネージャー、部門リーダーなど、任されるプロジェクトが大きいほど、本領を発揮してがんばれるタイプです。一方で、ひとりきりで成立する仕事ではあまり大きな成長を望めないでしょう。あなたがキャリアを形成するためには、人間関係を大切にすることが重要。会社の同僚や先輩、上司や部下、クライアントなど、さまざまな人とのかかわりからビジネスは生まれていきます。うまくいっているときはいいですが、いざ問題が起きると責任転嫁したり、不義理な行いをしたりすると仕事運が一気に下がってしまうので肝に銘じておきましょう。逆に人間関係を大切にできれば人から助けられ、出世し、活躍できるはずです。

青い嵐 ◆ BLUE STORM

向いている職業

営業職、人とかかわる仕事、サービス業、
チームで行うプロジェクトが多い仕事

運命の相手と巡り会う

<ルビ: パートナー>

表 自覚している自分の姿

料理とお酒を味方につけて
親密度アップをねらって

「青い嵐」を太陽の紋章に持つあなたは、恋愛において二人のコミュニケーションが大きなテーマ。口下手でコミュニケーションがあまり得意でなく、思っていることを伝えられずに片思いをしていたことはありませんか？　自分はそんなつもりがないのに、思わぬ誤解を招いてしまったという経験もあるかもしれません。コミュニケーションがテーマのあなただからこそ、自分の気持ちをしっかり伝えることを強く意識しましょう。思いは言葉に出して伝えない限り、自分が考えているほど相手には伝わっていないものです。二人の距離を近づけるためには、食やお酒を通して親密度を上げるのが一番。あなたは味覚と料理のセンスに優れているので、おいしい料理とお酒は恋の最強の味方になります。なかなか予約のとれないレストランに誘ってみたり、珍しい食材を用意して自宅で一緒に料理を楽しむのもよいですね。竈の神様を味方につけ、会話を盛り上げて楽しみましょう。

「青い嵐」の男性との上手なつきあい方

食通が多いので、食を通して関係性を築くのが効果的。ほっこり温まるような彼好みのお店へ誘い出し、デートを楽しむのがよいでしょう。おいしいお酒と料理で、親睦を深めてください。

コツ＆最適な結婚相手

家族を大事にしているか
どうかをよく観察すること

「青い嵐」をウェイブ・スペルに持つあなたは、誰をパートナーに選ぶか
で運命が大きく変化する人です。"パートナーシップ"が恋愛におけるあ
なたのテーマ。安易にパートナー選びをせず、じっくりと時間をかけて
選ぶことをおすすめします。まず大事になるのが自分との相性です。相
性が悪い相手と結婚すると、家庭の中に不和が生じてしまいます。その
結果、波瀾万丈の人生を生きることに。ですから相性がよいと確信でき
る相手を必ず選んでください。さらに、自分の家族（実家）を大切にして
いない人は避けましょう。両親やきょうだいの仲がよい環境で育った人
が良縁。あなたの両親やきょうだいにも優しく接してくれる可能性が高
いはずです。けっして条件でパートナーを選ばないこと。お金を持って
いるから、ルックスがいいからなどの条件よりも、相性と人間性のほう
が重要です。どんな人柄をしていて、自分や家族をどれだけ大切にして
くれるか。うわべの評価ではなく、人間性をよく観察しましょう。

「青い嵐」の男性との上手なつきあい方

パートナーシップがテーマの彼なので、家族との関係が運命を大きく左右します。彼が自
分の家族を大事にする人であれば、交際を進めてもOK！　ですが、大事にしない人だ
としたら、結婚してから懸念材料に。彼との未来を真剣に考えているのなら、一度同棲
してみては？

青い嵐 ✦ BLUE STORM

裏

表 自覚している自分の姿

気分転換に、料理がオススメ

「青い嵐」を太陽の紋章に持つあなたが強運をつかむために
は、リフレッシュする時間を持つこと。いつもエネルギッシュに
活動しているあなたなので、ときには立ち止まり、エネルギー
補給をする時間をつくることも必要です。たとえば嫌なことが
あったり、なかなかうまくいかないなあと感じたりするとき。質
のいい食材を用意してキッチンに立ち調理するとよい気分転
換になります。シンクを磨いたり、キッチン用品や、調理器具、
食器類にもこだわって、お気に入りのものを取りそろえたりす
るのもオススメ。料理の腕に自信のある人は、気のおけない仲
間に振る舞うのもいいでしょう。料理が苦手な人は、おいしい
ものを食べに行き、おなかと心を満たすことでエネルギーチャ
ージすることができます。親しい人と食卓を囲み、だんらんの
時を過ごすうちに、心がなごんでリフレッシュすることができる
でしょう。

日常の過ごし方

 本来の自分のあるべき姿

家族と旅行に行く

「青い嵐」をウェイブ・スペルに持つあなたが強運をつかむためには、家族との関係を良好にすることがカギとなります。家族との関係が運命に大きく影響する特性があるからです。関係がよくないという人は、いますぐ改善することをオススメします。関係が悪いとエネルギーが滞ってしまい、仕事、恋愛、健康、人間関係、人生全般の運勢にネガティブな影響を及ぼすでしょう。なかでも肉親とのかかわりに課題が出やすく、子どものころから親子仲が悪かったり、ゆるせないことがあったり、介護の問題でもめたりするなど問題が起きやすいです。どんな親であろうとも唯一無二の存在。そんな親ともいい関係を保てるように努力してください。すでに亡くしている人は、定期的にお墓参りに行って手を合わせて心から感謝を伝えましょう。あなたの守護者となり、サポートしてくれるようになりますよ。

BLUE STORM

青い嵐
の
キーワード

持っているベーシックな特性

影響力が強いインフルエンサー

人を巻き込むパワーの持ち主

向上心が高くプラス思考

常に成長に向かって動き続ける人

味覚に優れた竈(かまど)の神様

あなたが果たす役割

人とのかかわりから人生に変容を起こす

ハッピーワード

「変化を受け入れる」

持ち物

お気に入りのお店リスト

ラッキーの引き寄せが起こる
前兆のサイン

家族と会話する時間が増えた

仲直りできた

ずっと行きたかったお店の予約がとれた

運気が上がる場所

お気に入りのお店

友人にオススメの相手

黄色い太陽

恋愛にオススメの相手

白い風

成長させてくれる相手

赤い月

黄色い太陽

責任感が強く
尊敬を集めるリーダータイプ

SHINING SUN

私の本当の姿

表 自覚している自分の姿

太陽のような明るさで世の中を照らす存在

「黄色い太陽」を太陽の紋章に持つあなたは、太陽のような明るさで世の中を照らす存在です。明るく、ほがらかで、あなたがニコッとほほえむたびに、その場をパッと明るく照らす才能の持ち主。遠くから見てもすぐにわかるような存在感があるのが特徴です。小さいことにはこだわらない器の大きな主人公キャラで、常にグループの中心となって多くの人から慕われます。逆に人の陰に隠れたり、誰かに主導権を預けたりする生き方は、あなたらしさが失われてしまいます。才能を発揮しづらくなるでしょう。太陽が昇降を繰り返すように、人生の浮き沈みを体験することもありますが、あなたは生来、強運の持ち主。必ず乗り越えられると自分の力を信じましょう。人の輪の中心にいてこそ輝くあなたですから、自分一人のために生きるのではなく、多種多様な価値観を認め、尊重することが大切です。一人一人がどうすれば輝いて生きられるのか。その道筋を明るく照らしつつ、人々の心を温めながら、尊敬される生き方を目指しましょう。

裏 本来の自分のあるべき姿

成功や富を分かち合うことで輝く

「黄色い太陽」をウェイブ・スペルに持つあなたは、衣食住など3次元の世界にあるすべての富を手に入れる強運の持ち主。恋愛運、金運、人間関係運、家族運、財運、チャンスなど、周囲がうらやむほどに望みどおりの人生を手に入れることができる最強運の星といえるでしょう。成功を約束されて生まれてきたからこそ、富を独り占めせずに、周囲と分かち合うことが、あなたの役割です。太陽が生きとし生けるものすべてに分けへだてなく光を注ぐように、あなたが手にする愛や豊かさを周囲に分かち合うことによって、あなたの運勢もさらに飛躍的にUPするのです。人は一人では生きていくことができず、自分一人の幸せにも限界があります。周りにいる人々を大切にし、豊かさを分け与えてこそ、あなたは本当の幸福を手にすることができるでしょう。もしも生き方に迷ったときは、太陽を見て、太陽のように生きることができているかどうかを自分に問いかけてみるといいですよ！

黄色い太陽 ◆ SHINING SUN

向いている仕事&

表 自覚している自分の姿

強い個性を持つカリスマとして
リーダーシップを発揮して

「黄色い太陽」を太陽の紋章に持つあなたの天職は、自分のキャラクターを全面的に発揮できる仕事です。太陽のようにキラキラした存在感とカリスマ性を持つあなた。周囲から憧れられるアイコン的存在として活躍することができます。ですから組織に属するよりも、自分自身で事業を切り開いていくほうが向いています。独立・起業して社長になるのはもちろん、会社員であればチームや部を統括するプロジェクトマネージャー、経営幹部や役員。お店なら店長やマネージャーなど、与えられた責任が大きければ大きいほど、その実力を発揮できます。逆に、脇役や人をサポートするような仕事は向いていなさそうです。また指導力にも優れているため、キャリアアップを目指すなら周囲と協力し合って仕事を進めることを意識してみてください。リーダーシップを発揮しているつもりでもワンマンになってしまっていたり、マウントをとったり、傲慢さが出てしまったりすると人があなたから離れていきます。常に感謝の気持ちを忘れず、協力し合うことを忘れないでください。

向いている職業

経営者、社長、店長、マネージャー、組織の管理職、俳優

キャリアアップする方法

周囲の人を幸せにするほど
富と名声が手に入る

「黄色い太陽」をウェイブ・スペルに持つあなたは、仕事の成功を約束された星のもとに生まれてきている人。仕事運、財運、人運、勝負運、勝運すべてに恵まれており、誰もがうらやむほどの富とや名声を手に入れることができます。独立・起業して会社を経営したり、フリーランスとして業界のトップに立ったり、会社組織に属する場合でも順調に出世。役員などの経営陣に抜擢されるなど、たぐいまれな人間力でキャリアアップしていけるでしょう。あなたがさらなる成功を手にするためには、小さくおさまらないこと。よりスケールの大きな枠組みで「人や社会を幸せにするために何ができるか?」を考えながら、キャリアを形成していきましょう。周囲の人を幸せにすればするほど富や名声が手に入り、成功のスパイラルを生み出すことができます。独立・起業を考えているのであれば、いまアクションを起こしてください。ビジネスの基礎を学び、理念やミッションを明確にして動きだしましょう。

向いている職業

経営者、オーナー、自営業、自由業、コンサルタント、投資家

黄色い太陽 ◆ SHINING SUN

運命の相手と巡り会う

パートナー

表 自覚している自分の姿

年が離れた優しい相手とうまくいく

「黄色い太陽」を太陽の紋章に持つあなたは意志が強く、自分の信念を曲げない性格。恋愛においては主導権を握りたい女王様。結婚後はしっかり者で旦那を尻に敷くかかあ天下になりやすいタイプです。異性に対して忖度はしません。恋愛をリードしたいと考えているので、自分に合わせてくれる優しい人と相性がよいようです。結婚するとひとつ屋根の下で暮らすことになるため、強い信念を持つ者同士だとお互い譲らずに、けんかになりやすいからです。あなたが幸せな結婚をかなえるためには、尊敬できる相手をパートナーに選ぶこと。同年代は友人のような関係になりやすいので、年上・年下どちらにしても年の離れている人がよいでしょう。意見がぶつかったときは双方が納得する妥協点を見つけて譲歩し、感謝の気持ちを忘れずに。独立心や自立心も強いあなたは、専業主婦より共働きのほうがうまくいきそうです。好きな仕事をしながら家事・育児を協力し合えるパートナーを選ぶと、満足できる人生が歩めるでしょう。

「黄色い太陽」の男性との上手なつきあい方

彼は九州男児のようなご主人様タイプ。常に自分がリードしていたいので、デートの場所選びなどは彼に任せ、支払いなども甘えてしまいましょう。そのかわり、お礼は忘れずに。プライドが高いので顔をつぶすようなことはNGです。

コツ＆最適な結婚相手

∽∽∽∽∽ 裏 本来の自分のあるべき姿 ∽∽∽∽∽

精神＆経済的に自立した人と愛を育んで

「黄色い太陽」をウェイブ・スペルに持つあなたは、お互いに自立したパートナーシップを望むタイプです。子どものころから恵まれた環境で育ち、実家がお金持ちだったり、自分の仕事の収入も高かったりするなど衣食住に困ったことがない人が多いようです。ですから、相手に養ってもらおうという気持ちがあまりありません。自分ひとりで生きていける生活力があります。自立しているがゆえに、自分に見合った相手がなかなか見つからず、結婚の時期が遅くなることも。離婚してシングルの道を選ぶ人も少なくありません。あなたが幸せな結婚をかなえるためには、お互いに自立したパートナーシップを築くことです。わかりやすくいえば、精神的に大人なタイプを選びましょう。現代は共働きが主流なので、あなたにとっては暮らしやすい環境だと思います。子宝にも恵まれやすいあなた。好きな仕事をしながら子育てを楽しむことができると、幸せな人生を歩めるはずです。

「黄色い太陽」の男性との上手なつきあい方

おおらかで友人が多い彼は、つきあいも多いタイプ。友人とのつきあいを大事にしたり、家族との時間を大切にしたり、みんなでワイワイするのを好みます。彼を束縛しようとすると長続きしなくなるので注意しましょう。肩の力を抜き、オープンなつきあいをするといい関係を築けますよ。

強運をつかめる習慣・

表 自覚している自分の姿

夜型ではなく、
朝型のライフスタイルに変える

「黄色い太陽」を太陽の紋章に持つあなたが強運をつかむためには、夜型ではなく、朝型のライフスタイルに変えましょう。太陽という名前がついている紋章なので、夜ではなく、朝・昼が最も能力を発揮できる時間帯です。朝は、陽（プラス）のエネルギーが充満しているので、運気が高まり、幸運体質へと変化させることができます。早起きしたら一番にカーテンを開けて、太陽のエネルギーを吸収しましょう。窓を開けて、よい気を取り入れてください。散歩しながら深呼吸し、心身をリフレッシュするのも運気UPに有効です。神社仏閣に参り、一日の感謝をお伝えする習慣を身につければさらに運を味方につけることができます。「早起きは三文の徳」ということわざがあるように、成功者は朝の時間をうまく使っているものです。朝の時間帯を上手に活用してみてください。

日常の過ごし方

太陽神を味方につける

「黄色い太陽」をウェイブ・スペルに持つあなたが強運をつかむためには、太陽神を味方につけましょう。日本であれば、伊勢神宮や沖縄など南の土地へ小旅行をしてリフレッシュするのもおすすめです。もしも海外へ行く機会があるのなら、思い切ってマヤ暦のふるさとであるメキシコやグアテマラ周辺の地域や太陽神とゆかりのあるエジプトなどを訪れてみることもいいでしょう。あなたに強いインスピレーションを与えてくれるはずです。身近なところでは、太陽の日差しを感じられるハワイやグアム、バリ島などで太陽を思い切り浴びるのもよし。とにかく、運気が低迷しているな、ストレスがたまっているな、と感じたならば太陽がサンサンと照る場所へ出かけていくこと。オフィスや学校にいても、お昼休みや休憩時間に太陽の光を浴びるだけでも元気を取り戻すことができるでしょう。オレンジやレッド、イエローなどのビタミンカラーならぬ、太陽カラーを身につけて太陽を近くに感じるのもGOODですよ。

黄色い太陽 ◆ SHINING SUN

SHINING SUN

黄色い太陽
の
キーワード

持っているベーシックな特性

カリスマ性ある主人公キャラ
成功、富、権力を手に入れる
責任感が強い親分肌
太陽のような輝く存在感
人前に立つ人

あなたが果たす役割

人と幸せを分かち合い、感謝を学ぶ

ハッピーワード

「生きとし生けるものすべてに感謝」

持ち物

天照大御神のお札

**ラッキーの引き寄せが起こる
前兆のサイン**

感謝の気持ちがわいてきた
朝日を浴びた
雲ひとつない空を見た

運気が上がる場所

朝の公園

友人にオススメの相手

青い嵐

恋愛にオススメの相手

赤い竜

成長させてくれる相手

白い犬

黄色い太陽 ✦ SHINING SUN

おわりに

本書を最後までお読みいただき、
ありがとうございました。

"個性が輝く時代"に自分自身を理解すること。
それがどれだけ重要なことか、
おわかりいただけましたでしょうか。

自分らしく生きるためには、
自己肯定感を高めることも重要です。
自己肯定感とは、自らの存在価値や存在意義を肯定し
「私は絶対に大丈夫、幸せになる」と信じる能力です。

好きなところもそうでないところも、
ありのままの自分を受け入れてください。
どんな自分でも肯定できれば、
真の強さを身につけることができます。
本書を通じて、あなたに自信と勇気を
授けることができたならうれしく思います。

最後に、今回の出版の機会を与えてくださった
主婦の友社の氏家菜津美様をはじめ、
編集部のみなさまとご縁をいただきましたことを
心から感謝いたします。

ひとりでも多くのかたが、
個性が輝く時代に自分らしさを見失わず、
生きていく強さを身につけられることを
心より願っております。

愛と感謝を込めて

「MASAYUKI式 マヤ暦占星術」
Information

本書を通し、マヤ暦占星術についてもっと知りたくなったあなたへ。さらに輝き、自分らしい人生を手に入れるための情報をご紹介します。以下からアクセスし、マヤ暦占星術の学びを深めてみてください。

1

オンライン無料体験セミナー

MASAYUKIが講師となり、毎月オンラインでマヤ暦占星術無料体験セミナーを開催。マヤ暦占星術そのものやKINの概念について解説し、初心者でもマヤ暦の学びを楽しみながら深められる内容になっています。

2

MASAYUKIのオフィシャルYouTubeチャンネル。マヤ
暦占星術の基礎知識や強運をつかむ秘訣などについて
MASAYUKI自らが解説し、最新情報を発信していま
す。20の紋章それぞれの詳しい解説動画は必見です。

3

MASAYUKIが代表理事を務める日本マヤ暦セラピス
ト協会のオフィシャルサイト。MASAYUKIによるコラ
ムは、サイト内で毎日更新されています。コラム内の
「今日の開運アドバイス」も大好評。

MASAYUKI（マサユキ）

一般社団法人日本マヤ暦セラピスト協会代表理事。マヤ暦占星術®開祖、マヤ暦ライフナビゲーター、マヤ暦ソウルナビゲーター、プロの占術家として活動。芸能人を顧客に持つなどさまざまな業界にファンを増やす。誰もがマヤ暦占星術を用いながら、開運へと導くことのできる再現性の高い鑑定術を学べる「マヤ暦ライフナビゲート運命鑑定講座」は、瞬く間に口コミで全国各地に広がり、他講座を含めると受講生は累計3000人以上。「自分らしく輝いた生き方」が見つかったと、受講生からの喜びのメッセージは後を絶たない。現在は、マヤ暦占星術®の普及に努め弟子の育成に尽力。毎月多くの受講生にマヤ暦占星術を通して「KINの如く、自分らしく輝いた生き方」の術を伝えている。著者としても活動中！

《 STAFF 》

Illustlation	Yayoi
Design	Yumi Tanabe (GURIPESS)
Composition	Nozomi Sato
Edit	Natsumi Ujiie (SHUFUNOTOMOSHA)

私をもっと強くするマヤ暦占星術

2024年4月20日　第1刷発行

著　者	MASAYUKI
発行者	平野健一
発行所	株式会社主婦の友社
	〒141-0021 東京都品川区上大崎 3-1-1 目黒セントラルスクエア
	TEL　03-5280-7537（内容・不良品等のお問い合わせ）
	049-259-1236（販売）
印刷所	大日本印刷株式会社

© MASAYUKI 2024　Printed in Japan
ISBN978-4-07-456875-8

■本のご注文は、お近くの書店または主婦の友社コールセンター（電話0120-916-892）まで。
＊お問い合わせ受付時間 月～金（祝日を除く）　10:00～16:00
＊個人のお客さまからのよくある質問のご案内　https://shufunotomo.co.jp/faq/